互联网大金融系列教材

U0598250

Applied Financial Simulation

金融仿真综合实训

主　编　陈中放

副主编　朱基煜

ZHEJIANG UNIVERSITY PRESS
浙江大学出版社

图书在版编目(CIP)数据

金融仿真综合实训 / 陈中放主编. —杭州：浙江
大学出版社，2018.11(2021.5 重印)
ISBN 978-7-308-18744-2

Ⅰ. ①金… Ⅱ. ①陈… Ⅲ. ①金融－系统仿真－高等
学校－教材 Ⅳ. ①F8

中国版本图书馆 CIP 数据核字(2018)第 259923 号

金融仿真综合实训

主编 陈中放　　副主编 朱基煜

责任编辑	朱　玲
责任校对	汪　潇　杨利军
封面设计	春天书装
出版发行	浙江大学出版社
	(杭州市天目山路 148 号　邮政编码 310007)
	(网址:http://www.zjupress.com)
排　　版	杭州朝曦图文设计有限公司
印　　刷	杭州杭新印务有限公司
开　　本	787mm×1092mm　1/16
印　　张	14.5
字　　数	249 千
版 印 次	2018 年 11 月第 1 版　2021 年 5 月第 3 次印刷
书　　号	ISBN 978-7-308-18744-2
定　　价	45.00 元

前　　言

　　金融是经济的重要部分,金融专业是经管类高校的重要教学专业之一。然而,传统的高校金融类课程往往只通过理论课对学生进行指导,而没有通过实训课让学生学习相关知识。随着社会化分工越来越细致,职业竞争越来越激烈,高等院校急需一种全新的实训方式来让学生了解其中的知识点并掌握实际操作的能力。

　　具体到金融专业学生的教学工作,我们在教学设计上不仅仅需要最专业的理论知识,同时还需要让学生在真实金融环境中实际运用和操作各种金融工具,在实训课堂中实现对专业知识的巩固和运用。因此,我们在教学改革中设计了一种全新的方式——让学生进入金融仿真综合实训基地进行业务操作,并在操作过程中体验该工作岗位对专业知识、素质的要求。这种方式获得了教师和学生的普遍好评,同时也符合国家"向应用型本科转型"的号召。

　　浙江财经大学东方学院作为浙江省十所应用型试点示范建设高校中唯一的一所财经类高校,一直在探索互联网金融教育的内容、形式和路径。2013年开始,我校经过调查、研究和论证,以"互联网大金融思维"教育和培养为目标,成立了"互联网大金融仿真综合实训"项目建设领导小组并由学校领导亲自担任组长。同时,我校组建了"互联网大金融仿真综合实训"项目开发小组,由10多位骨干教师和20多位高年级学生组成,该项目的开发主要包括硬件和软件两方面。

　　硬件方面:真实金融环境的仿真架设。自2013年起,金融系开始金融实训中心的建设。在硬件方面,按照金融机构,完全仿真地建设了模拟银行、模拟证券公司、模拟基金公司和模拟期货公司,以及货币与金融票据展览馆、大数据实验室。

　　软件方面:开发仿真的实训软件。开发小组以目前金融业实际运行的金融工具和模式为基础,用一年的时间编写了1000多个流程图和工作表格,开发了实训教学项目和实训教程,又和同花顺公司合作,设计开发了互联网大金融综合实训平台。

　　将软硬件结合后,在互联网大金融综合实训平台上,该实训项目分初级、中级和高级三个层次对具有不同基础的学生实施实训教学:初级实训是对非经济金融类专业学生开展"金融活动模拟体验"教学。在初级实训中,学生会对金融常识、活动和工具有一些基础的了解并进行一些基本的操作实践。中级实训是"金融仿真综合实训",适合经济类专业学生和低年级金融专业学生。在中级实训中,学生会对金融专业基础知识有比较全面的了解,并学会使用一般金融工具进行金融业务实践。高级实训是"金融专业实训",适合金融专业高年级学生。相比中级实训,高级实训增加了对投融资金融工具的学习和使用,从金融投资的角度强调对学生分析金融资产价格和风险管理能力的培养,从金融融资的角度强调让学生学会企业价值挖掘和管理,使他们对金融有深入的了解,能比较熟练地进行金融工具的操作实践,从而培养其金融创业能力。

2015年下半年,"金融仿真综合实训"正式开始教学,成为第一个投入教学的中级课程。其授课对象主要为金融学、经济学、国际贸易学、保险学等经管类专业的学生。到目前为止,已有12轮1300多名学生参加了该实训课程,课程得到学生的广泛好评和认可。在课程进行过程中,同花顺公司与我校共同举办了三次互联网大金融实训教学研讨会,全国有近百所高校参加了研讨会,讨论和推广该平台。到2018年6月为止,已经有安徽财经大学等8所学校购买、引入此实训平台的教学资源,由我校互联网大金融实训教学团队指导使用。我校的"互联网大金融仿真综合实训"教学模式领先于全国同类高校,并不断形成引领性影响。

本书是根据中级实训课程"金融仿真综合实训"的教学需要进行编写的。该课程共计80个课时,以当前国内可操作的金融工具为基础,模拟股票、期货、基金、外汇等19种投融资产品操作,是全体金融和经济类学生必修的课程。该课程依托校内实训环境,以学生个人加团队合作为主要形式,让学生通过模拟虚拟账户、买卖投融资产品,全面掌握各投融资工具的实际操作。每轮受训的学生为140人左右,实训时间为10个工作日,集中安排在2周内完成。每轮教学至少配备7位指导教师,分工协作进行教学与管理,并按照教学大纲要求开展实训。

本课程分为三个阶段。

第一阶段(第1天)的主要内容为理论引导、团队组建、岗位选择、岗前培训:以学生为主体,部分学生在教师的引导下竞聘五大金融机构(银行、证券公司、期货公司、基金公司、金融发展管理公司)的工作人员,而剩余的学生则为0级普通个人投资者;在这一阶段,所有学生都必须上岗并完成岗前学习。

第二阶段(第2～7天)为单项投融资工具的分级训练:从1级投资工具到5级投资工具进行分项实训,设定6级晋升机制,以游戏的方式激发学生的积极性。

第三阶段(第8～10天)为综合实战演练:以投资公司为单位,学生根据团队的投资风格,综合运用前面所学的19种投资工具,选择适合的金融投资产品,并明确团队的职责分工;投资经理、分析员、风险控制员、操盘手各司其职,在现实的金融行情下进行风险控制、实现投资收益。

课程主要采用学生实际操作为主、教师讲解为辅的形式。学生上课时实际操作哪些内容是由教师分配的。教师通过发布"实训任务"的方式,告诉学生在什么时候做,该做的实际操作是什么。"实训任务"的主要内容模拟了现实金融业务,如银行业务或证券业务,以任务驱动的形式按照一定的顺序展开。学生接受任务指令后,按照任务要求完成金融活动实训。为了将"发布任务"变得更有效,"金融仿真综合实训"课程采用了互联网教学软件教师端发布任务、学生端接收任务的方式,进行任务传递,组织实训教学。

本书对"金融仿真综合实训"课程进行全程指导,全书分为两个部分。

第一部分"互联网大金融理论"中阐述了"经济高速发展催生现代金融理论""以新的视野来分析金融""互联网大金融背景下的金融""互联网大金融与传统金融的区别"和"以互联网大金融思维重构培养方案"等内容,提供了金融专业的理论知识,供学生在整个课程的学习期间参考。

第二部分有"实训动员""银行业务""证券业务""期货、外汇、信托业务""股权、私募、房地产、融资融券业务""期权业务"和"综合实训"七个阶段,每个阶段均列出了该阶段的所有任务。每个任务都由"任务简述""知识准备""完成任务清单"和"阶段任务表单汇总"四部分内容组成,并以此为顺序进行了详细说明。"任务简述"完整、详细地叙述了该任务的含义和操作流程。"知识准备"对学生完成该任务所需要的"基础知识"做了说明,学生可以通过"知识准备"的指引,有的放矢地提前预习金融实训任务的基础知识。"完成任务清单"是对"任务简述"的进一步量化补充。学生根据"任务简述"完成任务的同时,参考"完成任务清单",完成并提交该任务进行过程中涉及的表单。只有完成任务要求并交齐"完成任务清单"中的表单之后,才算完整地完成了该任务。比如,在进行"理财产品购买"任务时,学生就要向银行提交"身份证复印件""理财产品风险测评""理财产品风险揭示书"等表单,只有交齐这些表单并在系统中进行购买操作,才能完成"理财产品购买"这个任务。"阶段任务表单汇总"将这一阶段所有任务涉及的表单汇总于此。为了便于学生使用和提交，每份表单都通过压线处理，使其容易被撕下。

如此一来，学生在实训过程中，只要《金融仿真综合实训》一册在手，便可以查询实训任务，学习和任务相关的金融知识，按要求完成任务，并且有效管理表单。

本书由陈中放博士设计提纲和主持编写。在对各章反复讨论、修改的基础上，陈中放和朱基煜进行了统稿和内容补充，其间朱基煜做了大量后期整理工作。

此外，浙江财经大学东方学院的马爽、包薇薇、刘冬双、何梦薇、余雯哲、陈晓菲、罗媛、翟慎霄（以上按姓氏笔画排序）和浙江经贸职业技术学院的林铭也参与了编写工作，杭州师范大学的张学东教授提出很多宝贵意见并做了部分修改工作，在此一并表示感谢。

受限于作者的知识水平与能力，本书仍存在值得商榷与不足之处，欢迎各位读者批评指正。

陈中放　博士

目　录

第一部分　互联网大金融理论

第二部分　金融仿真综合实训各阶段

第一部分　互联网大金融理论

中国的经济改革已经进行了40年,中国的金融也随着经济改革的进行而变化。在这40年过程当中,我们每一个人都感受到了国家的金融发生了翻天覆地的变化:几乎从零基础开始,形成了目前基本能够适合中国特点的金融体系和金融运行机制。这段时间的金融改革,是我们借鉴了国外的先进经验和理论,将其和中国特有的国家禀赋有效结合的成果。目前我们既不能完全地用西方新自由主义的金融理论来指导中国的金融,但又不能完全脱离它来重新创建中国的金融理论。所以,我们应该走一条二者相结合的道路。我们应该清楚,任何经济理论的发展,都是在前人理论基础上的"扬弃"。重要问题在于,是不是"扬"了应该"扬"的部分,"弃"了应该"弃"的部分。现在世界上流行的西方新自由主义经济学理论,只是西方很多经济流派当中的一种。它在某些问题上比较片面和极端化,没有考虑具体的情况,比如没有正视一些著名的经济学家提出的某些问题。我们在后面会以实证的方法分析到,对于凯恩斯的货币需求范围,对各个因素的理解不全面,对于费雪货币方程,目前的解释忽视了金融工具创新引起的金融杠杆加大和货币变化速度加快,不够重视货币变化的因素,等等,因此无法解释西方经济学的全部精髓。另外,马克思主义的经济学也是西方经济学的一个重要流派,它的劳动价值论是新自由主义学派无法超越的,我们要全面、综合地理解它,并和中国的国情相结合。所以我们必须用新的观念来理解和解释我们目前所处的经济和金融环境。也就是说,在新的经济和金融环境下,我们应该从新的角度,用新的思维来分析和理解金融。

1 经济高速发展催生现代金融理论

新中国金融体系经历了 60 多年的发展,尤其是 40 年的改革与探索之后,与社会主义市场经济体制相适应的金融体系和金融运行机制已经基本建成了。金融制度、金融调控以及金融监管和服务体系更加完善,开创了中国特色社会主义金融制度新格局。

中国金融这 40 年来变化之大、变化之快,远远超过了西方发达国家上百年的程度。为了适应和跟上这种变化,我们必须去探索、研究新的现代金融理论,以更新的视野、更高的高度,以"互联网用户第一"的思维,以更广的广度来观察和分析在目前中国大地上发生的真实的金融现象,而不是照搬照抄国外金融学理论。我们把这个适应目前形势的现代金融思维称为互联网大金融思维。

中国经济的高速发展,有其特殊的国家禀赋。从目前看来,经济环境和金融环境在中国都发生了很大的变化,我们必须用创新发展的眼光和思维来看待现代经济和现代金融。我们以一系列我国经济发展实证的数据,分析了近年来中国金融在以下几方面的变化和发展情况。

1.1 经济发展

经济是金融的基础。只有经济高速发展才能带动金融高速发展,而金融的高速发展又会推动经济高速发展,二者存在辩证关系。随着经济的发展,金融在经济当中的作用越来越重要,具体可由以下几个指标来衡量。

1.1.1 居民收入

经济发展使居民收入增加。居民收入是居民从各种来源所取得的现期收入的总和。只有居民收入增加,才会使居民有储蓄和投资的动机,才会增加基础货币,使得金融有发展的基础。居民收入水平是直接影响市场容量大小的重要因素,一方面受制于宏观经济状况的影响,另一方面受国家收入分配政策、消费政策的影响。居民收入水平直接决定消费者购买力水平,收入水平高,则购买力强,反之则弱。收入是消费的基础和前提,居民消费取决于当前收入,城乡居民收入增加,有利于提高居民整体消费水平。1990 年—2015 年我国人均收入变化见图 1-1-1。

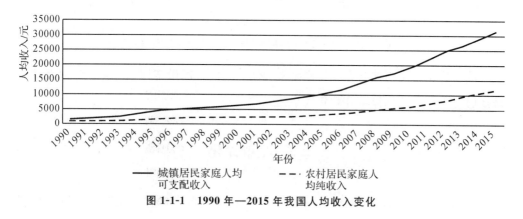

图 1-1-1 1990 年—2015 年我国人均收入变化

城镇居民家庭可支配收入＝城镇居民家庭总收入－所得税支出－个人社会保障支出等等;农村居民家庭可支配收入＝农村住户总收入－家庭经营费用支出－税费支出－生产性固定资产折旧费支出－财产性支出－转移性支出－调查补贴支出等等。

1.1.2 居民储蓄

经济发展使居民储蓄量迅速提高。居民储蓄是城乡居民将暂时不用或结余的货币收入存入银行或其他金融机构的一种存款活动,又称储蓄存款。经济发展使居民收入增加,人民币结余货币量上升,居民存款量上升。发展储蓄业务,在一定程度上可以促进国民经济比例和结构的调整,聚集经济建设资金,稳定市场物价,调节货币流通,引导消费,帮助群众安排生活。1982 年—2014 年城乡居民人民币储蓄存款余额变化见图 1-1-2。

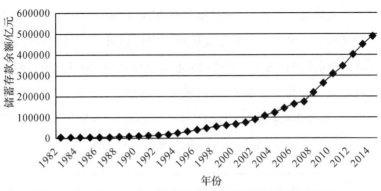

图 1-1-2　1982 年—2014 年城乡居民人民币储蓄存款余额变化

城乡居民人民币储蓄存款年底余额＝城乡居民人民币定期储蓄存款年底余额＋城乡居民人民币活期储蓄存款年底余额。

1.2　金融深化

根据《中华金融辞库》，所谓"金融深化"亦称"金融自由化"，是"金融抑制"的对称。主张改革金融制度，即政府改变对金融的过度干预，放松对金融机构和金融市场的限制，增强国内的筹资功能以改变对外资的过分依赖，放松对利率和汇率的管制使之市场化。从而，利率能反映资金供求，汇率能反映外汇供求，促进国内储蓄率的提高，减少对外资的依赖，最终达到抑制通货膨胀、刺激经济增长的目的。据此可知，目前中国的金融深化已发展到一定水平，具体深化程度可由以下几个指标表示。

1.2.1　FIR（金融相关率）

FIR(financial interrelations ratio)即金融相关率，又称金融相关系数。它是指金融资产与实物资产在总量上的关系，全部金融资产总量与全部实物资产价值之比，即某一时点上现存金融资产总额与国民财富的比率。FIR 可以用来考察宏观经济泡沫的存在情况，是衡量一国金融结构和金融发展水平最为重要的指标。由于直接反映国民财富的数据采集比较困难，一般用 GDP(国内生产总值)代表。2002 年—2016 年我国 FIR 相关数据变化见图 1-1-3。

从图 1-1-3 可以看出，随着我国经济货币化程度加深和资本市场扩展，我国经济的金融依存度迅速提高。

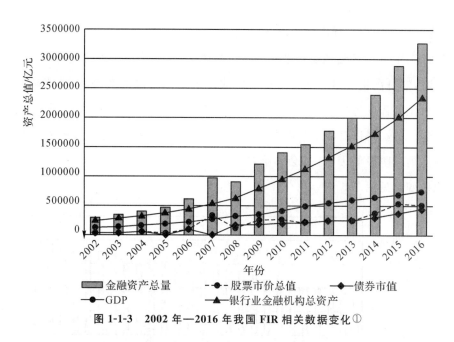

图 1-1-3　2002 年—2016 年我国 FIR 相关数据变化①

FIR 的计算公式可以表示为：

$$FIR = \frac{金融资产总量}{GDP}$$

根据盛松成的《社融与 M2 增速背离看金融去杠杆》一文,贷款、非金融企业及其他部门股票、企业债券、银行承兑汇票等属于社会融资规模。而社会融资规模与广义货币供应量 M2,分别反映了金融机构资产负债表的资产方和负债方,两者相互补充、相互印证,是硬币的两个面。社会融资规模假定相当于金融资产总量,则金融资产总量＝M2＋股票市值＋债券市值＋银行业金融机构总资产。

1.2.2　货币化率

货币化率,即社会的货币化程度,是常用的衡量金融深化的程度指标。它指一定经济范围内通过货币进行商品与服务交换的价值占国内生产总值的比重,也叫马歇尔 K 值。

货币化率的计算公式可以表示为:货币化率 $= \dfrac{M2}{GDP}$

---

① 数据来源:国家统计局,中国银行业监督管理委员会,中国人民银行(其中,2004 年—2012 年债券市值来自历年发布的金融市场运行情况),具体统计数据见二维码 1-1。

式中,货币化率即广义货币(M2)与国内生产总值(GDP)的比值。

M2/GDP 实际衡量的是在全部经济交易中,以货币为媒介进行交易所占的比重。总体上看,它是衡量一国经济金融化程度的初级指标。通常来说,该比值越大,说明经济货币化的程度越高。但 M2/GDP 比例的大小、趋势及其原因则受到多种不同因素的影响。各经济体对 M2 的需求差异、公众的储蓄动机、金融市场的发育程度、所处的经济周期阶段等因素,都会影响各国的 M2/GDP 水平。1990 年—2015 年我国货币化率变化见图 1-1-4。

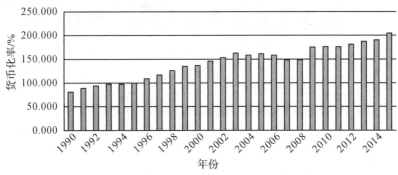

图 1-1-4　1990 年—2015 年我国货币化率变化

我国货币化率如此高的原因是国民传统的储蓄意识较强,直接融资还在逐步发展,各种生产要素处于资本化的过程中,等等。以上原因扩大了基础货币的投放,并通过货币乘数的作用进一步放大了 M2。

1.3　金融密度

金融密度反映一个国家或地区的金融普及程度与金融业发展水平。

由于金融涵盖银行、证券、期货、保险等多个方面,所以选取以下几个数据来表现金融密度。

1.3.1　保险密度

保险密度是指按限定的统计区域内常住人口平均保险费的数额。它标志着该地区保险业的发展程度,也反映了该地区经济发展的状况与人们保险意识的强弱。一般说来,保险密度越大,表明该地区保险业越发达,市场发育水平越高。

该指标可用公式表示:保险密度＝某地区当年保险收入/某地区当年常住人口数。2003 年—2017 年我国保险密度与人均 GDP 变化见图 1-1-5。

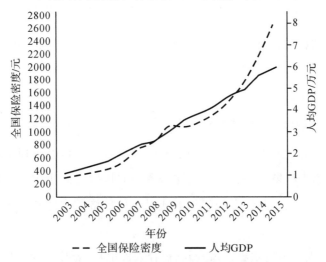

图 1-1-5　2003 年—2017 年我国保险密度与人均 GDP 变化

除保险密度外,保险深度也是一个重要的指标。它指某地保费收入占该地 GDP 之比,反映了该地保险业在整个国民经济中的地位。

1.3.2　每万人银行网点数

每万人银行网点数越高,表示金融密度值越大。2009 年—2016 年我国每万人银行网点数变化见图 1-1-6。

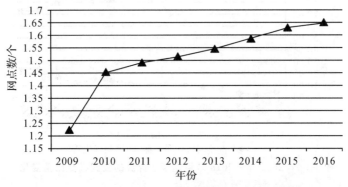

图 1-1-6　2009 年—2016 年我国每万人银行网点数变化

1.4　金融工具

金融工具的应用越来越广泛,种类越来越多,同时金融机构变化得也越来越快。具体的指标如下。

1.4.1　直接融资与间接融资比例

在我国,融资方式通常分为直接融资和间接融资。直接融资通常指股票和债券融资,间接融资通常指银行贷款等。直接融资和间接融资的比例关系既反映一国的金融结构,也反映一国中两种金融组织方式对实体经济的支持和贡献程度。用公式表示,则:

间接融资＝人民币贷款＋外币贷款(折合人民币)＋委托贷款＋信托贷款＋未贴现银行承兑汇票

直接融资＝企业债券＋非金融企业境内股票融资

我国常用的直接融资比重指标是增量法,指每年新增非金融企业直接融资(股票和债券)占新增社会融资规模的比重。增量法反映了短期内直接融资的增长情况,适用于制定短期政策目标。2002 年—2016 年,用增量法计算的我国融资比重变化见图1-1-7。

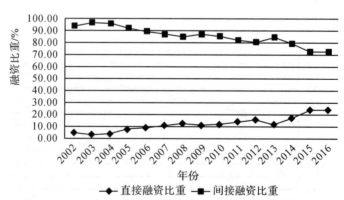

图 1-1-7　2002 年—2016 年用增量法计算的我国融资比重变化

在很多成熟的市场经济国家,企业直接融资和间接融资的资金量基本持平。而我国的现状却是直接融资仅占社会融资规模的一小部分。我国经济金融运行简图见图 1-1-8。

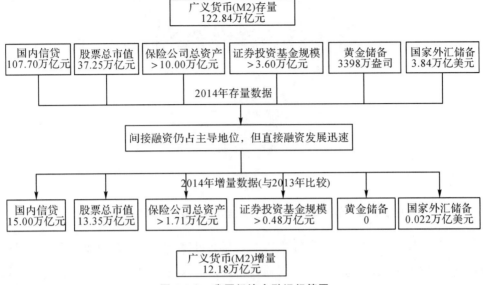

图 1-1-8 我国经济金融运行简图

1.4.2 第三方支付

所谓第三方支付,指独立于商户和银行,为商户和消费者提供支付结算服务的机构。2009 年—2015 年我国第三方支付业务交易规模见图 1-1-9。

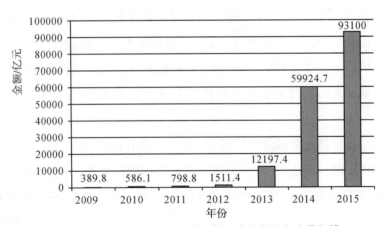

图 1-1-9 2009 年—2015 年我国第三方支付业务交易规模

以 2016 年第三方移动支付企业用户规模集中度为例(见图 1-1-10),目前我国第三方支付市场已经步入应用成熟期。

图 1-1-10　2016 年我国第三方移动支付企业用户规模集中度①

目前,我国国内的第三方支付产品主要有支付宝、微信支付、百度钱包、PayPal、中汇支付、拉卡拉、财付通、融宝、盛付通、腾付通、通联支付、易宝支付、中汇宝、快钱、国付宝、物流宝、网易宝、网银在线、环迅支付 IPS、汇付天下、汇聚支付、宝易互通、宝付、乐富等等。

1.4.3　民间融资的数量变化

民间融资包括地下钱庄、民间借贷、典当担保、私募基金、网络借贷等形式。长期以来,中国的中小企业融资渠道除了银行等正规金融机构之外,更多依靠非正规的金融途径,如私人钱庄、企业相互拆借,甚至是企业自己通过不正当手段进行融资等。其原因一方面在于传统金融机构无法解决中小企业"资金渴"的问题,另一方面在于逐步壮大的民间资本找不到投资出路。由此,最具创新活力的民间金融产生了。

2012 年中国民间融资超过 3 万亿元,2014 年 2 月已到达 5 万亿元。近年来,民间借贷规模增长 20%以上,并延伸出第三方支付、认证、评估、催收等服务形式。目前,我国小贷公司已近 7000 家,典当行 6000 多家,加上地下金融,民间融资的规模将更为惊人。

以福建省石狮市金融服务中心为例:2014 年 10 月 10 日石狮市金融服务中心正式开业运营,至 2017 年 5 月 19 日已登记民间融资

1-1

---

①　资料来源:艾瑞咨询《2016 年度数据发布集合报告》。

4100笔、金额323.95亿元。而爆发过民间借贷危机的浙江温州,为规范发展民间融资,自2012年3月29日开始了"民间借贷登记服务中心"试点。截至2017年5月12日,已累计登记备案笔数43623笔,金额471.01亿元。

1-2

1.5　现代金融理论的内涵

现代金融理论应该是一个不断发展、不断"扬弃"、不断修正的理论。辩证唯物主义认为,普遍联系和永恒发展,是物质世界的两个不可分割的本质方面。唯物辩证法就是对物质世界的这两个不可分割的本质方面的反映。联系的观点和发展的观点,是唯物辩证法的总特征。联系包括横向的与周围事物的联系,也包括纵向的与历史、未来的联系。一方面,一切事物、现象和过程及其内部各要素、部分、环节,都不是孤立存在的,它们相互作用,相互影响,相互制约。但另一方面,事物又存在着相对独立性,即任何事物都同其他事物相区别,相对独立地存在。事物的普遍联系和事物的相对独立存在是互为前提的。所以,一个国家的金融理论发展必须要考虑这个国家的特殊性。另外,唯物辩证法认为,世界是一个过程,过程是由状态组成的,状态是过程中的状态;世界上没有永恒的事物,也没有永恒的理论,有生必有灭,旧的理论灭亡的同时,就意味着新的理论产生。所以,理论的合理性关键是适合于特定的时间和地点。

因此,判断一个国家的金融是否为现代金融,根本标准不在于是否与国际惯例对接,或完全应用世界主流金融学理论;也不在于是否充分运用金融科技,跑在科学技术前沿;更不在于金融体系和金融产品是否复杂,是否模型化、数理化。判断的根本标准在于其是否能一直适应现代经济的发展,能够支撑现代化经济的建设体系。从这个视角看,要判断一个国家的金融是否是现代金融,就要看其与实体经济是否能平衡发展,是否能站在大多数人民的立场,是否能服务高效经济,是否能够自我革新。

第一,现代金融是与实体经济平衡发展,服从服务于经济社会发展的金融。金融是实体经济的血脉,是现代经济的核心,是配置资源的主要枢纽,也是国家调节宏观经济的杠杆。为实体经济服务是金融的天职,是金融的宗旨。没有了实体经济这个经济基础,金融是无法良性运转的。近年来,我国金融业取得了积极的成效,但是存在着金融与实体经济失衡的一系列问题,结果导致金融风险累积,对我国经济实现高质量发展提出了一系列的挑战。现在新金融首先要使金融回归本源,服从服务于社会经济发展,把更好地服务经济实体作为金融工作的出发点和落脚点,促进金融与实体经济的良性循环发展。

第二,现代金融是自我革新能力强、具有不断升级自我完善机制的金融。社会主义现代化建设并非一朝一夕之事,我们正在走一条世界上没有人走过的社会主义市场经济之路。随着经济体制改革不断向纵深推进,生产方式、生活方式、经济产业结构、生产力、生产关系都将发生显著的改变。现代金融不是一个静态的、绝对的概念,而是一个变动的不断演进的概念,它需要有自我完善和升级的机制,来不断适应社会主义现代经济的实践和发展。这也意味着现代金融的具体内涵和表现形式要与时俱进,不仅要有科技发展的支持,也要有主动改革的保证,通过不断的自我革新或加快技术进步步伐,不断开发新产品新业务,来满足社会发展和经济发展的需要。

第三,现代金融必须是服务高效经济、适应现代化经济体系建设的金融。建设现代化经济体系,发展社会主义市场经济离不开现代金融的支持。目前我国金融服务实体经济和支持经济高质量发展的能力仍然不足,尤其体现在服务效率、服务范围等多方面,比如对创新型中小企业支持力度不够、风险识别控制能力不足等。当前以及今后很长一个时期都要积极地建设服务高效经济,能够有效支持创新和高质量发展、能够推动经济转变发展方式、优化经济结构、转换经济增长动力的现代金融,以更好地适应现代经济体系的建设。

第四,现代金融必须是为大多数人服务的金融。金融必须站在人民的立场,而不是仅仅为金融机构的高管服务。为谁服务,是学术的立场问题。立场决定学问的出发点和落脚点,也决定了学问的格局与走向。就像马克思旗帜鲜明地表明自己的理论是为人民服务的,其目的是要解放全人类。马克思的学问之所以那么有高度和深度,那么纯粹和彻底,关键是马克思牢牢地树立了人民的立场,让他心无旁骛,注入了战胜一切艰难险阻的动力,抛弃了一切功名利禄的压力,具备了不为任何势力所左右的定力。以之为榜样,我们也应该树立为人民服务的凌云之志,树立为人民做学问的理想。目前国家提出"普惠金融"战略,就是要让每一个金融的参与者都有"获得感",然而目前能真正站在投资者和融资者的角度来分析、研究金融的理论并不多见。普及金融知识,熟悉操作技能,了解每一个参与者的利益所在,把貌似复杂的金融理论彻底向大众普及,使每一个参与者了解和捍卫自己的"获得感",这是每一个金融教育工作者的使命。

那以上内涵为基础,在我国目前情况下,应该有什么样的现代金融理论来指导我们的学习呢?从后面的分析来看,我们把这样的现代金融理论称为互联网大金融理论,这也是我们这一套丛书命名的基础和所有内容编写的出发点。具体分析内容详见后面的章节。

2 以新的视野来分析金融

以新的视野来分析金融,就是以更广的范围、站在更新的角度、用更远的眼光来看待、理解、分析、研究金融。

2.1 扩一些眼界——以更大的范围研究大金融

大金融概念是在一个长期视角全面审视了全球范围内金融体系发展历史规律和演变趋势,并对现代金融体系下一国金融竞争力的决定因素进行了系统研究提出的一个全球性的概念理论。研究目的在于更符合我国特殊的国家禀赋,为全面构建有利于促进长期经济增长和增强国家竞争力的大金融体系框架奠定理论基础。我们把大金融体系简化抽象,如图 1-2-1 所示。

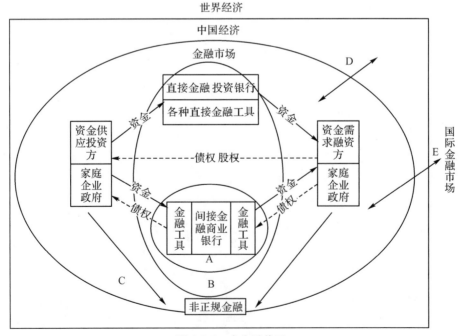

图 1-2-1 大金融体系

2.1.1　传统的金融市场

传统金融市场又称"间接金融市场"(A)。通过银行进行间接融资的简单借贷活动,如银行利用存款集中的资金向企业和个人发放贷款,就是一种有银行介入的间接金融活动。其运作方式有:资金盈余部门用多余资金以存款方式存入银行,银行再用集中的资金承担投融资风险,向资金需求部门发放贷款。所以,间接金融是通过银行等金融中介机构实现的资金融通活动。为此银行一般要收取3%(贷款利率—存款利率)左右的收益,包括手续费和风险溢价的管理费用。我国在1990年以前,除了少量国债外,这是资金融通的主要形式。

由于金融业的起点是银行,它在几百年来金融发展的过程中起了十分重要的作用,所以到目前为止还有不少人认为只有银行、保险等间接金融机构才是金融。其实,今天衡量财富的主要标志已经不是货币,而是资金,货币只是资金的一部分,银行和保险等间接金融量在美国金融市场中占金融资产总量的比例只有不到三分之一,西方发达国家大致如此,但我国正好相反。所以加快间接金融的发展是我国金融改革的首要任务,而金融发展速度也是金融发展理论衡量一个国家金融深化程度的主要标志。

2.1.2　直接金融的加入

直接金融指由资金供求双方直接进行融资,和间接金融共同组成B。筹资者发行债务凭证或所有权凭证,投资者出资购买这些凭证,资金就从投资者手中直接转到筹资者手中,一般不需要通过信用中介机构的担保,由投融资者自己承担风险。同样,金融机构也没有风险溢价,只是收取融资总额1%~2%的手续费。直接融资可以是股权融资,也可以是债权融资。直接金融的优势在于其能降低投融资的成本;有效防范金融风险,有利于打破行业壁垒,推行产业结构的调整,拓宽融资渠道,有利于培养居民的投资意识;有利于提高社会经济效益,提高经济发展的质量。但其同时也将风险转移到了投融资者身上,避免了信用过度集中形成的金融风险。

2.1.3　大金融理念的提出

大金融体系下,金融市场必须作为一个统一整体(C)。

一方面,在现代金融市场里不应单单考虑金融中介。如果把金融作为一个整体看,这个金融市场主体是金融市场的用户,即投资者和融资者。金融中介行业只是一个服务性行业,金融中介机构是服务于投资者和融资者的。金融市场也是为投融资者服务的,其本质是服务业,秉承"顾客是上帝"的理念。金融市场的投资者和融资者提供资金和需要资金,他们是金融市场真正的主体,只有满足了他们的需求,金融才能得到发展。例如互联网思维的"用户第一"理念,使互联网金融在短短的几年内迅速发展。各种金融机构在金融市场中发挥更大的作用,如合理分配资源、优化产业结构、使信息对称等方面,让投融资者能够得到匹配的、满足需求的真实信息。这样,金融市场能真正做到服务于投融资者。当然,互联网金融刚刚兴起,还有很多不足,这是需要正视的。

另一方面,我国目前在进行资金融通的市场,除了中央政府直接监管的直接融资和间接融资之外还有不少模式,我们把它称为非正规金融(图 1-2-2)。

非正规金融		
互联网金融	民间金融	非法金融
P2P 众筹 第三方支付 ……	民间借贷 小额贷款 典当 ……	金融传销 金融诈骗 ……
按2015年中国人民银行等十部委文件正在逐步规范	由各地政府金融管理办公室管理	严厉打击
符合金融法规	符合国家法律	不符合国家法律

图 1-2-2　非正规金融

这些资金融通的模式都是现实存在的,但目前很多教科书都没有谈到这个问题,没有包含这一块内容。随着近些年这些市场的发展,资金融通模式已经成了金融学者必须去正视的问题。我们可以根据政府监管的不同将其分为三大类。

第一类是互联网金融[①]。近几年这一类金融模式在我国发展十分迅速,短短几年依托互联网、大数据技术的发展,已经深深影响了人们尤其是青年的金融观念。这一类金融在 2010 年左右起步,到 2015 年,一直是自由发展、野蛮生长的。2015 年,中国人民银行等十部委发布《关于促进互联网金融健康发展的指导意见》后,互联网金融正在逐步规范,逐步被纳入正规的金融监管系统,如 P2P、众筹、第三方支付等等。

第二类是不在国家正规金融监管范围内,不受国家金融法规管辖,但符合目前国家民法、商法的金融模式,比如民间借贷、典当、小贷公司等等。由于这类金融活动近几年发展比较快,各地各级政府专门成立金融办公室负责管理。据媒体报道,最新监管精神已经明确小额贷款公司、融资担保公司、区域性股权市场、典当行、融资租赁公司、商业保理公司、地方资产管理公司等 7 类金融机构和辖区内投资公司、农民专业合作社、社会众筹机构、地方各类交易所等 4 类机构("7＋4"类机构)的资本监管、行为监管和功能监管等三大监管职能将由地方金融工作部门负责。而在此之前,融资担保公司、融资租赁公司、商业保理公司等类金融企业因为不属于国民经济行业分类的金融业,在监管方面存在薄弱环节。随着任务的明确,各地政府强化地方金融管理,一些地方政府已经在原来"金融管理办公室"(金融办)的基础上加挂"地方金融管理局"(金管局),比如浙江、山东、江苏等等(见二维码 2-1)。

2-1

第三类是既不符合金融法规,又不符合国家的其他法律法规,属于非法金融的一些金融活动,比如非法集资、金融传销、金融诈骗等等,又称为黑色金融(见二维码 2-2)。

2-2

最近政府对于第三类非法金融活动的打击力度正在逐步加强(见二维码 2-3)。

2-3

2.1.4 反哺实体经济的金融市场

反哺实体经济的金融市场(D)。一般经济学上把经济分成两个大部门,即金融部门和实体经济部门。金融市场依赖于实体经济,实体经济为金融市场的发展提供物质基础。其二者是相辅相成的,金融发展无法独立于实体经济而单独存在,实体经济

---

① 具体可参阅:陈中放,胡军辉.互联网金融.北京:高等教育出版社,2017。

为金融业的发展提供了"血液"。实体经济对金融市场不断提出新的要求,随着整体经济的进步,实体经济也必须向更高层次发展。如果按以上"投融资者是金融市场主体"的观点,只有在实体经济的基础上,金融市场才能够产生,才能够更好地发展。金融市场永远离不开实体经济,缺失了实体经济的金融市场实际上就是"泡沫",总有一天会破灭。

当金融市场发展到一定程度便可以反哺实体经济,金融对实体经济的支持是多维度的,不应将眼光局限于融资服务。虽然金融最基本、最原初的功能就是提供资金融通服务,但这并不是金融服务的全部内容。实体经济要有效运转,除了需要资金周转,还需要便利的交易方式、有效的风险管理手段、准确的资金成本信号以及健全的公司治理机制等①。在这些方面,金融都可以为其提供有力支持。正是基于实体经济的这些需求,金融形成了四大基本功能:融资中介、支付清算、信息咨询、风险管理。金融为实体经济而生,金融的功能也是围绕实体经济的有效运行而不断衍生的,金融发展的过程就是不断改进和提升服务实体经济能力的过程。当前,随着金融市场的发展,金融服务的功能不断拓展,服务的重心也在发生变化。如果片面强调金融提供资金的功能而忽视其他功能,就容易将金融服务实体经济简单化为满足企业的资金需求。如果仅仅将金融服务的视野局限于资金支持,既不利于全面评价金融服务的效率,也不利于金融本身的创新发展。

2.1.5　走向国际的金融市场

金融市场逐步走向国际,成为国际金融市场(E)。金融资本全球化是个必然的大趋势。金融市场国际化进程的加快,将降低新兴市场获得资金的成本,提高市场的流动性和市场效率,延展市场空间,扩大市场规模,提高系统能力,改善金融基础设施,提高公开性要求,改进交易制度,增加衍生产品的品种,完善清算及结算系统,等等。海外金融资本的进入,尤其是外国金融机构和其他投资者对市场交易活动的参与,迫使资本流入国的金融管理当局采用更为先进的报价系统,加强市场监督和调控,及时向公众传递信息,提高市场的效率。越来越多的新兴市场国家通过采用国际会计标准,提升信息质量和信息的可获得性,加强交易的公开性。交易数量和规模的增加,

---

① 具体可参考这套丛书中的另外一本《企业价值挖掘与管理实务》。

有助于完善交易制度,增强市场流动性。而外国投资者带来的新的金融交易要求,在一定程度上促进了衍生产品的出现及发展。尤其是 2017 年,人民币进入 SDR(特别提款权)世界货币篮子,我国金融的发展将影响世界金融的发展,同时世界的金融发展也会在更大程度上影响我国的金融发展,整个世界的金融市场已经逐步联成一体。

金融市场国际化主要体现在投资国际化和离岸金融市场的繁荣。伴随着金融管制放松和国内金融市场向国际投资者的开放,本国的居民和非居民享受同等的金融市场准入和经营许可待遇。尤其目前中国已经成了世界上第二大经济体,加上人民币已经进入 SDR 世界货币篮子,表示人民币又向国际化迈进一大步。

大金融的实证是,金融发展到今天,传统金融理论已经无法完全解释目前的金融现象了。大金融是一个具有普遍适用性的全球性命题,不仅适用于解释美国、欧洲和日本等发达经济体的金融发展趋势(包括经验教训),同时也适用于以中国为代表的新兴市场经济体和广大发展中国家。特别是国际金融危机之后,大金融理论比较好地解释了此次金融危机是怎样从美国一个国家的次贷危机发展为金融危机、经济危机,直至发展成全球性的经济危机的。在全球金融体系面临重构的背景下,立足于大金融命题的基本内涵,深入研究现代金融体系发展的基本规律和政策实践,不仅具有理论上的重要性和必要性,而且有助于中国在全球范围内率先制定正确的、有利于确立竞争优势的金融体系框架。

2-4

国际全球金融危机的爆发,不仅使全球的经济和金融体系置于巨大的压力之下,而且导致了经济学理论的危机。从理论上看,传统的宏观经济学由于未能很好地理解宏观经济运行中的金融机制,不仅难以有效解释现代宏观经济运行的内在规律,更难以有效指导和形成科学的政策实践。有鉴于此,本书旨在通过系统的理论探讨和实证分析,从大金融视角全面深入研究现代金融体系发展的基本规律和决定因素,并在此基础上全面构建有利于促进经济增长和金融发展的现代金融体系框架。

2.2　换一个角度——以互联网思维来分析金融

马克思认为生产关系和生产力是通过相互作用来推动经济发展的。从经济发展的历史看,生产力从第一代以蒸汽机为代表的机械化时代,发展到第二代以电力广泛应用为代表的电器化时代,再发展到第三代以计算机为代表的自动化时代,到目前已经是以互联网为代表的万物互联人工智能时代了。生产力是征服自然的能力,各个国家是可以比较快地引进和仿制的。但是这些生产力,在每个国家的具体应用和发展是不完全同步的,并且有很大差异,导致各国经济的发展存在很大的不同。中国经济之所以能创造 30 多年 GDP 年平均增长率为 9% 的奇迹,主要是因为生产力的要素和生产关系相对于其他国家而言实现了更好的结合。中国互联网包括互联网金融目前的迅速发展,也是这个原因。

金融是经济的核心,随着互联网技术的快速发展和应用,互联网金融已成为金融领域的重要发展方向之一,具有十分旺盛的生命力。互联网不仅仅是一种技术,而且更重要的是它会形成一种思维——互联网思维。互联网的发展势必对经济运行的模式产生深远的影响。尤其当我们国家提出"互联网+"的概念以后,顺应着当前我国金融从传统金融向创新型金融、普惠金融、直接金融等方面的转化,这种趋势正和互联网这种创新性生产力的发展相吻合。所以,中国虽然不是互联网金融的诞生地,目前却成了世界上互联网金融发展最快、应用面最广、金融产品品种最多的国家之一。

我们认为有必要重新确立金融的研究角度。目前金融的发展,不仅仅是互联网技术在金融领域的简单应用,根据生产力决定生产关系的原理,更为重要的是应当运用符合市场发展潮流的互联网思维来分析金融的发展。如今对互联网思维的争论还不少,我们认为互联网思维的核心是用户思维,也就是绝对把用户的需求放在首位。这一理念对于传统金融来说是一个颠覆性的转变。因为在传统金融中,包括金融理论、金融教学和在我国正规金融运行的模式中,金融中介机构自始至终是中心。我国的金融中介机构本身也一直认为自己具有国企的背景,能够制定规则。比如简单的一项客户取款业务,钱少给了客户,银行可以说离柜概不负责;钱多给了客户,就要求其必须归还,否则就是侵吞国家资产。银行都是"嫌贫爱富"的,它从来只做锦上添花之事,绝不会雪中送炭。基于其本身风险的考虑,它只想为富人服务。从发放的企业贷款来看,主要的授信对象就是国有企业、大型企业,而占企业总数 95%,最需要资金支持的中小企业却往往得不到贷款;从个人业务来看,金融中介机构考虑建立 VIP 业务、私人银行业务,成立财富管理部,等等,主要也是吸引具有高收入、高资产的优质客户,而不会专门去为那些数量庞大但单笔业务金额不大的一般家庭量身定制业务,推出像余额宝那样合适的金融产品;从利润分配看,金融行业的高利润建立在减少投资者和融资者利益的基础上,金融高管的收入可以高于普通员工几十倍、几百倍,等等。而互联网的发展是用户思维,它以客户需求为己任,这完全符合市场经济发展的必然规律,是实现普惠金融的最好途径,比如支付宝、余额宝等就是最好的证明。这些产品小额、随时收付、收益率高,这完全符合了年青一代的财富心理。而从发展的眼光看,谁拥有年青一代,谁就掌握了未来。互联网金融发展的成功,代表了金融创新发展的方向。从另外一个方面看,这也不能全怪金融机构,因为从虚拟经济角度对企业估值的方法就不同。目前,金融企业商业银行是按净资产法来估值的;股票市场是按市盈率法,按其实现预期净利润来估值的;而互联网企业是按照流量法来估值的,是靠点击率多少来判断其预期收益的。所以,我们不仅应该以互联网的技术来改进金融业务发展,更应该以互联网的思维来改变传统金融思维。

其次,我们认为有必要转换一般金融教材编写的角度和出发点,建立一种围绕金融活动的用户需求的全新的金融思维。用户思维不仅是本书编写的基本出发点,也是我们最近在高等教育出版社出版的"应用型高校金融"系列教材编写的基本出发点。我们从投资者的角度编写了《金融投资工具比较与研究》,从融资者的角度编写了《企业融资模式和策略》。我们认为金融市场的主体就应该是金融市场的用户,即投资者和融资者。而传统金融一直是以金融中介为中心的,包括金融理论和金融教材。比如,以前传统金融教材的课程是以金融中介机构的角度来划分的,如中央银行、商业银行、投资银行、固定收益债券等等,即横向划分;但现在我们应该树立在互联网背景下的大金融概念,大金融市场是由投资者、融资者和为金融活动服务的机构即金融中介机构组成的。应该清楚金融中介机构只是一个服务行业,它必须为金融市场活动的主体——投资者和融资者服务,所以应该从投资者和融资者的角度来看待和分析金融(图 1-2-3)。

2.3　以发展的眼光看待金融

有人说金融科技是继互联网金融之后金融领域的下一个热点。随着金融科技企业的数量、融资总额和交易规模的迅速增长,金融科技对金融领域的影响日益深远。随着科学技术的不断进步,金融领域的持续创新,金融的外延、边界、运行模式都在不断变化,但是金融的本质没有改变。我们认为金融科技就是金融在新的技术条件下产生的一种类型,它就是以新技术应用为核心的在金融领域中的技术创新。例如,美

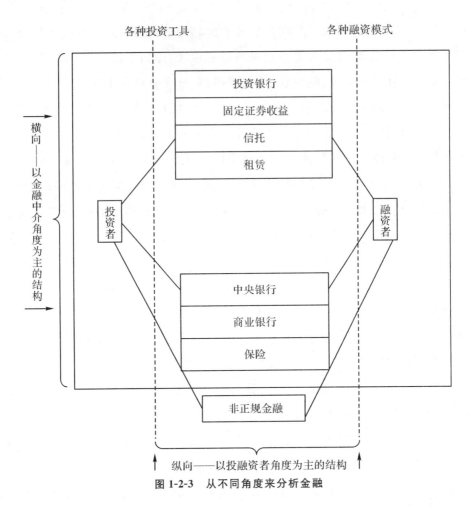

图 1-2-3　从不同角度来分析金融

国金融科技监管框架就认为金融科技是涉及支付、投资管理、融资、存贷款、保险和监管等领域的技术创新活动。金融稳定理事会(FSB)也认为金融科技是指技术带来的金融创新——创造新的模式、业务流程和产品,以对金融市场、金融机构或金融服务方式产生重大影响。虽然也有不少专家学者对金融科技有不同理解,但其核心都离不开金融、科技和创新。

　　金融科技的内容可以分为新金融技术手段和新金融服务模式。新金融技术手段是指云计算、大数据、人工智能、区块链和安全技术等技术手段,以及信息技术应用构建的金融数据基础建设。新金融服务模式是指上述技术应用带来的支付、资金筹集、资金使用管理等金融资产交易模式的创新。这些创新模式有些与传统金融密切相关,有些则成了新的金融交易方式,提供新的金融产品,形成了新的经济活动,具有新产业的特征,比如移动支付、P2P、网络征信、区块链在保险中的应用等等。

从创新角度看,金融科技就是信息科技创新应用与金融服务行业的金融技术创新。这个包括三部分:首先是金融科技创新;其次是金融服务创新,上面分析的技术手段和服务模式,实际上就分别是这两类创新的体现;再次是在这两类创新基础上的规模效应必然带来的金融组织创新,也就是逐步改变金融基础设施和金融市场的形态和外延,从而引起金融监管模式,甚至是金融制度的改变。

应该看到,金融科技的备受关注,一方面体现了金融机构应用移动互联网、大数据、人工智能、区块链等新兴通信技术对于提高效率、降低风险的内在需求;另一方面,体现了新兴互联网企业在现行金融行业许可管制之下从事金融活动的现实需求。现在,金融科技已经成了一些从事经营业务的企业进入金融行业的敲门砖。在金融科技发展的推动下,传统金融机构正在逐步面向"技术+信息服务"转型。未来金融科技的应用将成为金融业必不可少且能够影响竞争力的关键生产要素。

从短期来看,金融科技的发展和应用提高了金融业的运行和管理效率,创造了新的金融产品、金融市场、金融服务模式和金融生态,对金融风险管理和监管提出了新的要求。用更长远的眼光来看,虽然目前金融科技发展还处于初级阶段,但未来,整个金融技术经济模式都可能成为金融科技应用而被改变。比如:当前人们参与金融活动,仍需要借助金融机构作为中介。金融机构的概念,依据搜狗百科上的解释,"金融机构,是指专门从事货币信用活动的中介组织"。在目前市场经济环境中,由于信息不对称,为了筛选信用、防范风险和面对日益复杂的金融工具和资金融通方式的变化,金融机构需要聚集一大批高智商人才来运行,使其不断发展壮大。不难发现,信用、中介、高智商的人才是金融机构存在的关键。设想,按照目前金融科技的发展速度,如果大数据解决了信用问题,区块链解决了去中介化的问题,智能机器人目前可以代替一部分简单的人力服务,过一段时间(当然不可能在短时期内),金融机构依旧能够按照目前这样的方式运作吗?我们可以思考:当前金融机构存在的基础会不会消失?目前这些传统的金融机构会不会失去存在意义?或许,如果金融机构仍然存在,那么若干年后将会以什么样的新形式出现在我们眼前?

根据以上分析,在如今这个时代,我们必须开阔眼界,以更大的范围研究金融;必须换一个角度,以互联网的用户思维来分析金融;也需要以发展的眼光预测金融——我们把这个称为互联网大金融思维。

2-5

3 互联网大金融背景下的金融

3.1 从互联网大金融思维来理解金融

什么是"金融"？传统金融理论对金融这个概念有多种解释。1990 年由经济管理出版社出版的《中国金融百科全书》中，"金融"的定义是：货币流通和信用活动以及与之相联系的经济活动的总称。其合理性在于将货币流通和信用活动融为一体，但这一定义毕竟限制了金融功能的发挥与发展，也淡化了资本市场的作用。

"金融"一词的出现西方先于东方，英语为 finance，来源于古法语，也和拉丁语finis 有关，表示"结束"即"借贷结清"的意思。其本来内涵是"货币资产及其管理"，也有人把它翻译为"财政"和其他定义，包括了"盈利与风险的平衡""投资理论""资产最优组合""资本资产定价"等。西方国家近代关于"金融"的解释较为权威的是《新帕尔格雷夫经济学大辞典》：资本市场的运营及资本资产的供给与定价。但是这一定义又走向了"金融"的另一个极端，摒弃了货币资金与信用这一金融理论与实务的起点和重要依托，实际上忽视了货币资金和金融宏观管理与政策，应该说并不科学。

在曹龙骐教授的第五版《金融学》[①]中，"金融"分为广义和狭义：广义的金融指货币、信用以及所有有关交易行为的集合；狭义的金融专指货币资金的融通。其先进性在于把握了金融的三个点：一是不能忽视金融是以投融资活动为主体的；二是在金融创新前提下随着投融资活动的发展变化，投融资的机构、规模、结算方式和工具都在不断地由单一、简单向多元、复杂推进；三是可以包含不同角度的更广泛的定义。

我们认为在互联网大金融的背景下，金融的含义应该更为广泛。我们基本认同上一个定义，并在此基础上进行了提炼："金融"就是资金的融通及其有关的活

---

① 曹龙骐.金融学.5 版.北京：高等教育出版社，2016.

动。我们将从"什么是资金"和"什么是融通"两点来说明互联网"大金融"下的"金融"概念。

第一点,什么是"资金"?

"资金"是资产的金额,是货币以及可以用一定的货币量表示的资产,而货币是从商品中分离出来固定充当一般等价物的商品。货币的本质就是一般等价物,具有两个基本特征:首先,它是表现一切商品价值的工具;其次,它具有直接同一切商品相交换的能力。那么,什么是"资产"?资产是财富与权利,而一定货币量的资产就叫作资金。资产越大,财富与权利相应就越大——这里的"权利"可以理解为"索取权",例如"债权"。

因此,我们可以说金融是资金的融通。资金是资产价值的金额(一定货币量的资产),可以用货币来表现。因此,资金是资产在流通中价值的一种货币表现。而资产是指有价值的东西,包括实物资产和金融资产。实物资产一般指有形并且有价值的物体,如土地、房产、黄金、艺术品、珠宝等等。金融资产是用契约载明的一种权利。这种契约,也就是各种不同的金融资产的载体,用来交换就是金融工具。

金融资产是对应于实物资产而言的,它包括:货币黄金和特别提款权、通货和存款、债券、金融衍生工具、贷款、股票和其他权益证明、保险产品、其他应收账款等等。

金融资产一般具备四个要素:发售人、价格、期限、收益。

金融资产的经济功能主要表现在两个方面:一是把拥有盈余资金一方的资金转移到需要资金的一方;二是使资金运用所产生的风险,可以在资金需求者和资金供给者之间重新分配。这样既可以使风险厌恶者规避风险,也可以使风险偏好者通过承担较大的风险而获得较高的收益。

金融资产与实物资产都是持有者的财富。随着经济的发展和人们收入的增加,经济主体的金融资产会逐步提高。同时,为了既获得较高收益又尽量避免风险,人们对金融资产的选择和对各种金融资产的组合也越来越重视(在经济发达的时代,很多人把实物资产也作为投资的工具进行资产配置,这样这一部分的实物资产也就有了金融资产的特点)。

金融资产与实物资产不同。它是一种合约所表明的权利,一种对资金的索取权。合约必须建立在信用的基础上,只有这样它才可能交换,资金才可能融通。资金的融通包括金融资产的成立是有一些前提的。

第二点,什么是"融通"?"融通"是指资产在金融市场中通过流通转换等进行一种财富与权力的交换。这就是金融市场的运行，由此形成了一个金融的体系。对这块内容我们将会在后面详细分析。

3.2 货币形态的历史研究

以前金融学主要是研究货币或银行，显然跟不上金融业发展的步伐。下面我们从人类历史发展的角度来分析一下货币在不同阶段所表现的不同形态。

货币随着人类的进步、经济的发展不断产生不同的形态，以适应生产力和生产关系的发展。在不同的历史阶段，其形态的不同对资金的放大作用是不同的。货币形态的发展可以大致分为下面五个阶段。

3.2.1 实物货币

夏商周时期是中国实物货币发展起步的时期，这期间的实物货币主要由布帛、天然贝等来充当。在世界商品发展的历史上，牲畜（牛、羊和狗等等），动物的牙齿及兽角、毛皮，贝壳，盐巴，特殊的石块，都曾经先后充当过这种"中间人"即货币的角色，最后由金属尤其是金银来充当。马克思说："金银天然不是货币，但货币天然是金银。"这是金银的自然属性决定的。金银具有体积小、价值大、容易分割、质量均匀、不会腐烂、久藏不坏等优点。

这一时期可以总结出实物货币的价值理论：

由于实物货币是从物物交换中分离出来固定地充当一般等价物的商品，其价值与普通商品价值相等，即 $1=1$。对货币的放大作用是货币的 0 次方，即 $10^0=1$。

3.2.2 代用货币

代用货币是商品交换发展到一定阶段的产物。货币作为一般等价物的发展，代替了之前的物物交换。代用货币包括金属质地但不能等同其所代表的价值的货币（即被贬值的金属货币）、纸币等，其中比较完善的形式是纸币。

代用货币产生的可能性在于，货币作为交换的媒介，只是交换的手段，而不是交换的目的。对于交易者来说，他们关心的并不是货币本身有无价值，而是它能否起到媒介作用。正如马克思所说，货币处在流通领域中，"只是转瞬即逝的要素。它马上又会被别的商品代替。因此,在货币不断转手的过程中,单有货币的象征存在就够了"。这就产生了由价值符号或代用货币代替真实货币的可能性。

这一货币发展阶段出现了通货膨胀理论:代用货币其自身价值比较小,所以有权者为了满足需要,可以多发,代用货币的滥发使市场出现了通货膨胀的现象。尤其20世纪以后,多国政府面对经济发展和战争的迫切需求,都不按照黄金的储备,越来越多地发行纸币,造成了通货膨胀。为了解决这一个问题,二战后,世界银行召集部分国家,形成了布雷顿森林体系并确立美元与黄金挂钩。各国确认1944年1月美国规定的35美元一盎司的黄金官价,每一美元的含金量为0.888671克,各个国家可以按此向美国进行货币兑换。但是仅仅经过20多年,在金银铸币流通的情况下,由于金银采掘量有一定的限制,货币数量的增加赶不上流通对货币需要量的增长。由于美元的超额发放,美元迅速贬值,布雷顿森林体系迅速瓦解,1盎司黄金从最初的35美元翻到目前的1300美元左右,涨了30多倍。为了和以后的论述匹配,我们以十的几何级数来论述。

代用货币对货币的放大作用是货币的1次方,即$10^1 = 10$,但同时风险也放大了数十倍。

3.2.3　信用货币

1973年布雷顿森林体系的瓦解使得货币完全与贵金属脱钩,货币从可兑换的代用货币转换成不兑现的信用货币。

信用货币是由国家法律规定的,强制流通不以任何贵金属为基础的、独立发挥货币职能的货币。信用货币是随着资本主义商品经济的发展而产生和发展起来的。与此同时,由于信用制度的适用范围的扩大,货币作为支付手段的职能随之扩大,从而为信用货币的产生提供了可能性。这样,在商品生产和商品交换日益发展的基础上,期票、银行券、支票以及汇票等形式的信用货币,便直接从货币作为支付手段的职能中产生出来。信用货币是由银行提供的信用流通工具,其本身价值远远低于其货币价值。

目前各国发行的货币,基本都属于信用货币。信用货币由一国政府或金融管理当局发行,其发行量要求控制在经济发展的需要之内。从理论上说,信用货币作为一般的交换媒介须有两个条件:货币发行的立法保障和人们对此货币抱有信心。

在信用货币作为流通货币的条件下,鉴于其信用性特征,信用货币具有明显的创造增量货币的功能。信用货币这种创造增量货币的功能,即货币供给乘数,用公式表示为:

货币供给乘数＝1/法定准备率

而货币供给模型:

$Ms＝mB$

式中,Ms 为货币供给量;

m 为货币乘数;

B 为基础货币。

信用创造是货币供给理论的基础。信用货币时期,银行通过发放贷款再创造出存款,通过信用创造货币,放大了货币的作用。假设法定准备金率是 12.5%,那货币供给量就是 1÷0.125＝8[①]。这样通过国家的信用体系,又把货币放大了近十倍。信用货币对实物货币的放大作用是货币的 2 次方,即 $10^2＝100$,但同时风险也放大了百倍。

3.2.4　虚拟资本

虚拟资本是独立于现实的资本运动之外,以有价证券的形式存在,能按期给持有者带来一定收入的资本,如股票、债券、不动产抵押单等。虚拟资本是随着股份制的出现而产生的,它在资金融通的基础上成长,并成为资金融通的一个特殊的领域。

信用货币进入虚拟经济领域,通过直接金融的一级市场(发行市场)投资于实体经济和直接投资于二级金融市场(交易市场)的方式,放大了货币的作用。货币资金通过一级市场对企业进行直接投资,以股本的方式进入被投资企业。从短期来看,企业不需要支付银行利息,因此这有利于那些处于起步阶段的企业的发展。而从长期来看,随着被投资企业的快速发展,那些通过投资入股形式实现使用价值的资金会以投资分红的方式取得相应的投资回报。

有价证券可以在证券市场上进行买卖。它们的价格是按照利息资本化的原则决定的。例如,股票的价格就是由股息的多少和银行利息率的高低来决定的。如股票

---

① 具体可参考曹龙骐《金融学》(第五版)的第十章。

面额为 10 元,年股息率为 10%,每年可得股息 1 元,银行年平均利息率为 5%,那么,这张面额为 10 元的股票就可以卖 20 元(1 元÷5%＝20 元)。

由此可见,股票价格与股息的多少成正比,与银行利息率的高低成反比。此外,股票的价格还受到股票供求状况的影响,因而它还会随着产业周期的变动而变动。

虚拟资本市场价值的变动及其决定方法有其独特的运动形式,其独特的运动形式是:

它的市场价值是由证券的定期收益和利率决定的,不随职能资本价值的变动而变动;

一般说来,它的市场价值与收益的多少成正比,与利率的高低成反比;

其价格波动,既决定于有价证券的供求,也决定于货币的供求。

中国证券市场是企业单方面融资的主要场所。上证指数 3200 点左右,二级市场平均股价在 13 元左右,按公司法规定原始股一股等于一元人民币。这样就有了 13 倍的扩张,企业通过上市融资,市值得到了十倍的提高,有个别的甚至有上百倍的提高。股份制的产生,形成了虚拟资本,又一次放大了货币作用,为实物货币的 3 次方,即 $10^3＝1000$。

3.2.5　金融衍生品

金融衍生品是以货币、债券、股票等传统金融商品为基础,以杠杆或信用交易为特征的金融工具。它既指一类特定的交易方式,也指由这种交易方式形成的一系列合约。

1848 年,芝加哥期货交易所成立,标志着真正现代意义上的金融衍生产品市场的开端。与金融衍生产品的发展路径相符合的是,20 世纪 70 年代,随着布雷顿森林体系的崩溃,以美元为中心的固定汇率制彻底瓦解。浮动汇率制使得汇率和利率剧烈动荡,金融衍生产品市场与金融衍生产品真正开始了蓬勃发展。1972 年美国芝加哥商品交易所率先推出英镑等 6 种货币的期货合约,1981 年出现了货币互换、利率互换。1982 年费城股票交易所推出了货币期权交易,此后基于汇率、利率的衍生产品相继出现,并被作为避险保值的工具。此后的 10 年里,金融衍生产品市场得到了迅速发展,逐渐成长为国际金融市场的重要组成部分。

2004 年,根据国际清算银行统计,国际金融市场上的各种金融衍生产品已从最初的几种简单形式发展到 20000 多种,由它们衍变出来的各种复杂的产品组合更是不计其数。从交易量的扩张速度来看,据统计,全球部分有组织的金融衍生产品生产的交易量平均每年递增 40%。除了交易所和场外市场直接进行的衍生品交易以外,其他较为特殊的衍生证券常常作为债券和股票发行的一个重要组成部分得到广泛使用。

2010 年 2 月 20 日,证监会宣布已正式批复中国金融期货交易所沪深 300 股指期货合约。2013 年 8 月 30 日,证监会宣布国债期货 9 月 6 日上市交易。时隔 18 年,我国又重新推出了国债期货,我国金融衍生产品市场正式鸣锣开市。

对金融衍生工具含义的理解包含以下三点。

(1)金融衍生工具是从基础金融工具衍生出来的。

所谓基础金融工具主要包括:货币、外汇、利率(如债券、商业票据、存单等)以及股票等。在基础金融工具的基础上,借助各种衍生技术,可以设计出品种繁多、特性各异的金融衍生工具来,其主要价值也主要受基础金融工具价值变动的影响。

(2)金融衍生工具是对未来的交易。

金融衍生工具是现实的金融基础工具在未来可能产生结果的基础上来进行的交易。这些基础金融工具在未来某种条件下处置的权利和义务以契约形式存在。

(3)金融衍生工具具有杠杆效应。

金融衍生工具是通过预测基础金融工具的市场行情走势,以支付少量保证金签订远期合约或互换不同金融商品的衍生交易合约。市场参与者以自身信用做担保,利用少量资金就可以进行几十倍金额的金融衍生工具交易,具有以小博大的高杠杆效应。如果运用于套期保值,可在一定程度上分散和转移风险;如果运用于投机,可能带来数十倍于保证金的收益,也可能产生巨额的亏损。

金融期货一般收取比较低的保证金。我国国债期货保证金是 3%,就是保证金收取比例较高的商品期货也只收 8% 的保证金,那 $1/0.08=12.5$ 倍,也就是一单位的货币可以操控 12.5 倍的资金量的商品。

金融衍生品在利率、证券、股票、外汇的基础上,以杠杆性的信用交易为特征,以几何倍数放大了货币的作用,为货币的 4 次方,即 $10^4=10000$,同时也把风险放大了上万倍。

从以上分析可以看出,各种资金形态的放大倍数是以几何级数增长的,可以用图 1-3-1 表示。

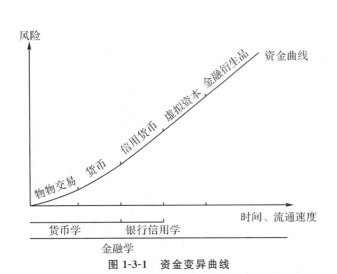

图 1-3-1　资金变异曲线

当然,资金形态的不断变化,以十倍左右的几何级数不断放大,只是在极端的特殊情况下发生的。在现实生活中要实现这样的放大倍数,只有对现实金融运作十分了解,能够十分熟练地把金融工具运用到极致的高手,在各种条件配合下,才有可能。

目前各国都以信用货币取代了代用货币,二级形态基本上都取代了一级形态,有一部分国家没有控制好,很容易造成通货膨胀。如1997 年俄罗斯的币制改革,发行新卢布代替旧卢布,新版卢布与旧版卢布的兑换率是 1000∶1。有些国家旧版与新版货币单位的兑换率甚

3-1

至能达到 10000∶1;尤其 1948 年 8 月 19 日,新中国成立前中国国民党政府发布的《金圆券发行办法》规定,金圆券 1∶3000000 比价兑换法币。这时候的法币与 1937 年发行时相比,其实物购买力已经上涨了 2380 万倍。

但一般政局相对稳定的国家,代用货币都是相对稳定的,都在可以承受的温和通货膨胀的范围之内。上文所说的美元与黄金比上涨 30 多倍,是多种因素造成的,只是一种抽象简单的说法,不是简单地就能说明美元通货膨胀了 30 多倍。

其次,除了实用货币发展到代用货币之外,其他的资金形态不是全部都能够逐级放大的。代用货币到信用货币的放大,只是能够成为基础货币的那一部分的放大;信用货币按照目前我们国家的规定是不能进入股票市场的,但在实际的金融活动中是很难被全部禁止的,所以只有比较小的部分参与。另外,股票发行在我国受到严格控制,并不是有资金想进入就能进入的;虚拟资本进入金融衍生品市场更是少量而漫长的一个过程,并且风险很大。金融衍生品市场由于风险大,它的平均回报率往往是很小甚至是负的,所以并不是所有的代用货币都能够一起进来一级一级进行放大。

再次,按目前规定必须是现金去参与,去资本市场和金融衍生品市场,不能用贷款资金来进行风险投资和炒股(除了股权并购,并购是有并购过桥贷款的)。这样就是表明二级形态的代用货币直接进入四级形态的资本市场,那不是一百倍放大,只有十倍放大;另外,进入金融衍生品市场,严格来说也只能用代用货币,即现金,而不能用贷款等,也就是说只能从二级形态的代用货币直接跳到五级形态的金融衍生品市场,这不是一千倍放大,而只是十倍放大。这样就大大缩减了其放大的倍数。

3.3　资金不断放大的实质

是什么原因导致金融杠杆的不断加大?

资金流通的量不断放大,其中的一个重要原因是在利率相对稳定的情况下,金融机构通过信用增加杠杆放大基数来实现其本身的利润最大化,这就成为金融机构本身的内在冲动。[①]

虽然美国经济学家、耶鲁大学教授欧文·费雪很早就把货币流通速度 V 作为一个重要因素,但是目前传统的金融学理论解释认为社会制度和习惯等因素决定了流通速度 V,它长期内比较稳定,视为常数,所以没有对货币流通速度的加快有足够的重视。显然,这与上文的资金量的不断放大引起资金流通速度加快这个理论是相悖的。对此我们推测,把流通速度 V 作为常数,可能是后人翻译解释的问题,并非费雪原意。

货币数量理论是在 19 世纪末 20 世纪初发展起来的一种理论,是用来解释总收入的名义价值如何决定的理论。该理论揭示了对应既定数量的总收入应该持有的货币数量,认为利率对货币需求没有影响。在 1911 年出版的《货币的购买力》一书中,费雪提出了相关交易方程式:

$$MV = PT$$

式中,M 表示一定时期内流通货币的平均数量;

V 表示一定时期内货币的流通速度;

P 表示商品和劳务价格的加权平均数;

T 表示商品和劳务的交易数量总和。

---

① 具体分析见本系列教材的另外一本《金融资产价格与风险管理实务》中,"金融资产价格形成研究"的"从实证方法来研究"一节。

现在,一般理论解释认为,M 是一个外生变量,是由模型之外的因素决定的;V 是由社会制度和习惯等因素决定的,所以长期内比较稳定,视为常数;在充分就业条件下,T 相对产出水平保持固定的比例,大体也是稳定的,因此也可以视为常数。只有 P 和 M 的关系最重要,其中 P 是被动的,P 的值主要取决于 M 的变化。

但是传统的货币数量理论还有许多缺陷和不足之处。

首先,就前提条件而言,传统货币数量论的前提是充分就业,但这种假设是不完全合乎现实的。在非充分就业条件下,物价水平并不一定随货币数量的变化而变化。

其次,货币数量论假定了某些因素的不变,如假定产量、货币流通速度 V 以及货币持有比例不变,处于静止状态,但不深入去探讨这些因素的变化过程及原因。实际情况中,方程式中的各要素都处于不断变化之中。例如,货币流通速度并不是一个常数,在一定程度上受到当事人交易频率的制度因素影响,比如受到结算制度、支付习惯、运输与通信条件、信用的发达程度的影响。通过以上分析我们可以看到,随着经济的发展、科学技术的进步,新的金融工具不断出现,货币流通速度并不是不变的,而是以几何级数增长,越变越快。比如以支付宝、微信为首的电子支付,它们的兴起使货币流通更加迅速,甚至在同一时点上,存款和现钞可以无限次数地反复流动。这时,定义其流速本身,统计的真实性和可行性便难以确保。另外银行信贷派生运动,除了受到央行的存准率与"贷存比"约束以外,在同一时点也可以无限次地派生。实际上还是假设了信用货币在像货物或黄金一样实际地"周转",从而忽视了真实的信用货币总量运动。所以,在现实生活中,并不存在没有客观实证基础的 $V=PT/M$。

最后,关于"为什么传统金融理论要忽视资金的不断放大而引起货币流通加快"这个问题的原因,金融机构是否在有意掩饰资金的不断放大给自己带来的巨大利益,答案只有他们自己清楚了。

从以上可以归纳出,金融的三要素是:信用、杠杆和风险。由于信用的存在,人们可以暂时将信用转化成资金,而在这个过程中杠杆就产生了,从而放大了十倍、百倍、千倍甚至万倍。但凡是有杠杆就必然有危险,这就是金融的风险。所以无论何时何地,金融都必须把正确对待风险放在第一位。

信用是金融的立身之本,可以说没有信用就没有金融。信用将直接影响到金融决策及经济效果,因此对金融市场的发展具有至关重要的作用。

金融的信用,主要有三点。第一点体现在金融企业本身的信用。试想如果是一个没有信用的银行,存的钱会被其吞噬,那么没有人会愿意将钱存于该银行。其他的金融企业如保险、信托等等也都是如此。第二点体现在需要通过金融机构来进行融资的企业也要有信用,而这些信用主要源自于企业真实财务报表中的现金流、利润以及抵押物。一个企业有稳定的现金流才可以进行盈利活动,假设资金链断裂,那么无论将前景描绘得多好,企业都无法生存,信用也将崩溃。企业的利润可以影响增长率,高的利润增长率通常意味着更高的市场价值,这样就可以得到更高的回报。第二点,足值的抵押物也可以作为企业的信用,即使企业无法将所借资金归还依然可以通过变卖抵押物的赔偿来弥补这方面的亏空。第三点体现在信息中介服务的企业(如评估机构)中,各种中介服务类的企业要有信用。如果信用消失,那么极容易出现泡沫,比如2008年美国的次贷危机。在房价一路上涨的时候抵押物是可以控制风险的,但是一旦房价下降,抵押物就不足值,信用也将不存在,因此出现经济危机。所以信用是金融的立身之本,离开了信用,金融活动将无法进行。

因为有信用的存在,杠杆才得以诞生。可以说,杠杆是依附在信用之上的。

有了杠杆,我们才能用小规模的钱做更大规模的事,以取得更多的利益,这也是金融的特点之一。杠杆这个概念很形象,杠杆的原始资本就是"动力臂",杠杆放大后的资本就是"阻力臂"。很明显,越高的杠杆下,"动力臂"的微小变化就越容易破坏杠杆的平衡。杠杆体现在金融的各个领域:银行的存贷比就是一种杠杆,股票市场的融资也有很多利用杠杆。合理的杠杆可以帮助我们做更大的事。杠杆通过信用对资金进行了放大,当然这也是风险的来源。一般来说1:10的杠杆或者是1:20的杠杆还是可以接受的(如期货保证金比例),但是随着金融的不断创新,衍生品种类越来越多,杠杆与杠杆不断地进行叠加。多级的杠杆对不良事件进行了扩大化,这也是金融危机的源头。过高的杠杆、脱离实体经济的杠杆就是泡沫,会对实体经济造成沉重的打击。但是,必须存在杠杆金融才有意义。比如我国对于房贷这个杠杆的态度,当首付比例为100%即完全消灭杠杆时,房地产发展将会极大地受到限制,而当首付比例很高时则又容易造成房地产金融泡沫。所以一般采取折中措施,制定一个合理的杠杆比例,比如首付20%即1:5。如果要紧缩,就提高首付比例。由此,可以证明杠杆存在的必要性。因此我们要想方设法控制杠杆,以保证杠杆处在合理的区间,这样既可以发挥杠杆有利的一面又可以防止金融危机的发生。

但是风险是杠杆的伴生物,杠杆引发的风险是不可能完全被消灭的。

金融风险是指发生资金损失的可能性,并不是说一定会有资金损失。坏的一面显然就是它有可能使我们的投资资金亏损,此时是风险包含的不确定性可能让对投资者不利的事件发生;但从另一方面来说,这种损失并不是一定会发生的,如果投资者知道一定会有损失,绝对不会去投资,很多投资者只是侥幸地寄希望于不产生不利事件。很多稳健一些的投资者不希望承担这种不确定性给他们带来的影响,所以将风险进行规避、分散、对冲、转移等,以进行风险管理,这是我们将在后面专门进行分析的内容。每个人的风险偏好不同,有些人偏向保守,有些人偏向激进。一个完善、健康的金融体系能通过激励的方式,正确地将保守人士不希望承担的风险转移给激进人士。激进人士受到更高收益的激励便愿意承担这份风险,这样他们才有可能获得超额的收益。因此,如何在不扩大风险的基础上获得一份更大的收益就成了一个极其重要的课题。我们要合理地管控风险,比如进行风险分散,我们可以在风险资产中配置一些无风险资产,构成一种投资组合,这样既能获得更大的收益,也可以管控住非系统性风险。

3.4 融 通

经历了 60 多年的循序发展,在 40 年的改革与探索之后,中国金融体系已经基本建成了与社会主义市场经济体制相适应的金融体制和金融运行机制。金融制度、金融监管以及金融调控和金融服务体系更加完善,开创了中国特色的社会主义金融制度新格局。在前几年现实社会中的金融体系(按世界通行的金融体系应包括部分财税),从我国整体来看主要在图 1-3-2 中体现。

一个国家的金融机构种类、多少、业务范围等等是由一个国家的金融体制决定的,即形成了该国的金融体系。各个金融机构必然会依据其业务范围生产各种金融产品,这些金融产品在进行交换时就变为金融商品,而这些金融商品交换的地方就是金融市场。从动态来看,金融商品的价格是随着经济形势的变化而发生变动的,人们通过多次重复地进行交换来谋取利益,这些金融商品可以间接成为投资者赚钱的工具,因此可称其为金融工具。但如果从静态看,它们都是可以用一定的货币资金来表示的资产——金融资产。

金融市场是买卖金融工具以及融通转换资金的场所或机制。它作为一种交易场所,则有一个固定场所,是因为只有这样才与市场的一般含义相吻合。随着经济的不断发展,它逐步被视作一种机制,这是因为金融市场上的融资活动不仅可以在固定的场所进行,而且也通过互联网扩展到不固定的场所进行,如我国的全国中小企业股份

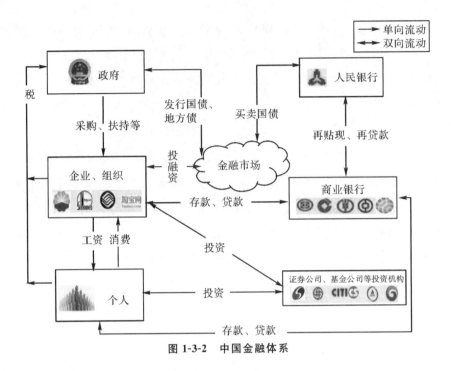

图 1-3-2　中国金融体系

转让系统(简称新三板)、美国的纳斯达克(NASDAQ)等等。不在固定场所进行的融资活动可以理解为一种融资机制。

金融市场的组成比较复杂,从抽象上看,简单地说就是一类特殊的机构、两个方面、三个主体。一类特殊的机构是指金融机构;两个方面是指买入者与卖出者,即投资者与融资者;三个主体是指政府、企业、家庭,这三个主体同时作为投资者和融资者这两个角色而存在。

我们把目前的资金融通体系整理和抽象化以后,可以归纳成图 1-3-3。

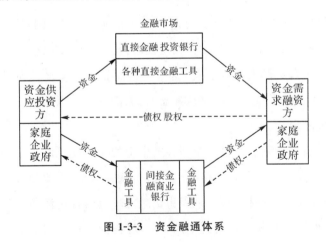

图 1-3-3　资金融通体系

从纵向看图 1-3-3,其组成分为三个部分:1.资金供应投资方;2.作为中介的金融机构;3.资金需求融资方。投资方和融资方的主体主要包括家庭、企业和政府,其根据需求不同通过直接、间接和其他的方式进行货币资金的融通。目前,在互联网大金融的条件下,资金融通体系形成了更为复杂的情况,这张图是现实金融运行的简略形式。

一类特殊机构——金融机构,是资金融通的主要组织者,其中绝大部分是经营货币的特殊企业。它们像其他企业一样,有自身盈利的要求,但特殊的是它必须接受政府的组成部分——金融监管当局(在我国是"一行两会")的管理。

我国的政府在我国整个的金融体系中起到"宏观调控"和"金融监管"的作用。宏观调控包括了直接调控和间接调控。直接调控有立法、行政等;间接调控包括货币的供求、利率、税率、汇率、价格等的改变。直接调控具有强制性特点,它在实质上是一种限制微观经济主体的自主性和市场机制自发作用的调控方式。间接调控的前提是承认微观经济主体自主经营和市场机制作用,同时以存在完善的市场体系为条件,是通过运用经济手段和市场参数调节经济运行的调控方式,旨在实现四大目标:第一,促进经济增长;第二,增加就业;第三,稳定物价;第四,保持国际收支平衡。

"金融监管"是金融监督和金融管理的总称。"金融监督"是指金融主管当局对金融机构实施的全面性、经常性的监察和督促,以此来促进金融机构依法稳健地经营和发展。"金融管理"是指金融主管当局依法对金融机构及其经营活动实施的领导、组织、协调和控制等一系列的活动。"金融监管"有狭义和广义之分。狭义的金融监管是依据国家法律规定,中央银行或其他金融监管当局对整个金融业(包括金融机构和金融业务)实施的监督管理。广义的金融监管在上述含义之外,还包括了金融机构的内部控制和稽核、同业自律性组织的监管以及社会中介组织的监管等内容。

从横向看图 1-3-3,可以根据交易方式的不同分为直接和间接的投融资方式,它们都是通过金融工具的交换来实现的,在其中形成了以债权或股权为形式的关系。股权融资大部分采用直接融资方式。直接融资是指不经过任何金融中介机构或是经过金融机构,但金融机构不承担风险的融资方式,其主要服务就是进行信息匹配并收取中介费。具体来说,直接融资是指资金短缺的单位(融资方)通过中介直接与资金盈余的单位(投资方)协商解决所需资金,通过有价证券及合资等方式进行的资金融通,如企业债券、股票、收购兼并、企业内部融资等。间接融资是指以金融机构为媒介进行的融资活动,金融机构在其中既充当中介又需要承担风险,如银行信贷、非银行金融机构信贷、委托贷款等,这些项目中都存在着资金收不回来的风险,而风险是由金融机构承担的。

以交易的不同金融工具为标准,如根据金融市场上交易的期限,金融市场可分为货币市场和资本市场两大类。货币市场是融通短期(一年以内)资金的市场,资本市场是融通长期资金的市场。货币市场和资本市场进一步可以分为若干不同的子市场。货币市场包括金融同业拆借市场、回购协议市场、商业票据市场、银行承兑汇票市场、短期政府债券市场、大面额可转让存单市场等;资本市场包括中长期信贷市场和证券市场。中长期信贷市场是金融机构与工商企业之间的贷款市场;证券市场是通过证券的发行与交易进行融资的市场,包括债券市场、股票市场、基金市场等。

3.4.1 金融机构的基本功能和构成

金融机构的基本功能有提供支付结算服务,融通资金,降低交易成本并提供便利的金融服务,改善信息不对称状况以及风险转移与管理。

(1)金融机构的类型

我们将金融机构按照地位和功能分为:金融监管机构、货币当局、商业银行、政策性银行、非银行金融机构和外资金融机构。具体组成见图 1-3-4。

(2)两个方面

指买入者与卖出者,也即投资者和融资者。付出货币或资金买入金融工具是投资者,反之,卖出金融工具得到货币或资金是融资者。

(3)三个主体

政府、企业、个人或家庭是金融市场的主体。

①政府

政府不仅是金融市场的调控者,同时也是监管者。在金融市场中,政府同时扮演金融工具的买入者和卖出者的角色,运用市场化手段来管理金融市场。在不同价格段,政府买入或卖出金融工具,以这种方式与制定政策规定相结合来进行市场化调控,而并非简单地通过制定政策规定的方式来对金融市场进行调控。为了更好地监管金融市场,中国政府还设立了"一行两会"进行分业管理,由中国人民银行制定和执行货币政策,银监会、证监会分别监管银行保险、证券机构及市场。

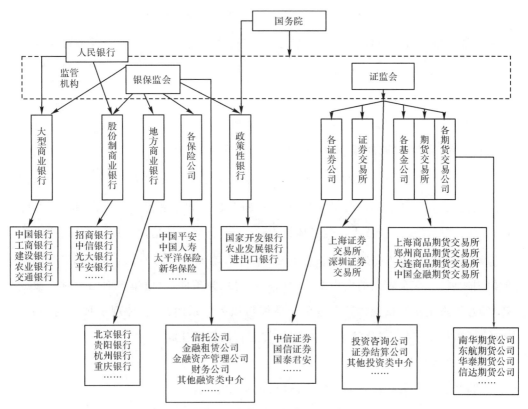

图 1-3-4　我国金融体系组成

②企业

企业是经济活动的中心,也是金融市场运行的基础。从法律形态来看,企业主要有三种组织形式:独资企业、合伙企业和公司。独资企业和合伙企业是传统的企业形式,公司(包括有限责任公司和股份制公司)则是现代企业形式。企业在从事商品生产的过程中往往需要融入资金,因此企业与金融市场紧密联系在一起。在企业生产经营过程中发生资金盈余或短缺的情况,则必须通过金融市场进行融通。金融市场的资金资产主要来源也是企业,现代企业的重要特征是投资主体的多元化,归根结底是资本联合的一种形式。这个"资本联合"的过程,必须通过金融市场实现,所以企业和金融市场密不可分。公司金融就是一门专门研究企业金融的课程。

③个人或家庭

个人或家庭金融是金融市场中最基本也是最普遍的金融。它和企业金融的共同点为两者都是独立的金融单位,不同点为它是由个人或一个家庭组成,一般体量比较小。随着居民收入增加,不少个人或家庭都有了一定的金融资产,如何使用金融工具来达到金融资产增值或保值的目的便成了此类金融分析的主要内容。具体来说,就是个人或家庭通过利用各种金融投资工具,如股票、基金、债券等来实现资源跨区跨时优化配置,达到个人或家庭金融资产长期效用最大化。个人或家庭理财是一门专门研究此类金融的课程。

3.4.2 融通的基本保证——信用

如果从经济学的角度理解"信用",它实际上是指债权人和债务人的关系。信用实际上是指"在一段时间内获得一笔资产的使用权"。如你借得一笔钱、一批货物(赊销)等等,实际上就是债务人得到了债权人的一个"有期限的信用额度"。若债权人信任债务人,相信债务人会归还并支付利息,债务人才能够得到债权人的这个"有期限的信用额度"。在金融上的信用主要指以还本付息为条件,价值单方面的暂时让渡或转移,并不发生所有权变化。它是关于债权与债务关系的约定,体现一种契约关系,实质上是以还本付息或代管为条件,财产使用权的暂时让渡。

信用包括两个方面:

债权人(投资人),将商品或货币借出,也称授信人。

债务人(融资人),接受债权人的商品或货币,也称受信人。

3.4.3 融通的动力——收益率(金融资产价格)

债权人(投资人)之所以愿意将商品或货币借出,除有基本的信用保证能还本之外,其根本动力是可以取得资金出借的收益。因为不同融资方式的金融资产它的收益率是不一样的,而不同的收益率形成了不同的金融资产价格。人们更关心这个价格能增值多少,增值得越多越好,所以研究金融资产价格十分必要。

(1)金融资产的一般价格

金融资产价格,对债权人来讲得到的利息是资金使用的收益,也就是增值部分,有的也叫货币的时间价值。不同的金融融通方式的收益是不一样的,所以不同金融资产的价格也是不一样的。收益率(利息率)＝收益或利息[①]/借出金融资产,简称利率。

---

① 此处的"收益或利息"指回收的金融资产－借出金融资产。

另外一方面对债务人来讲是资金使用的成本,归还比借入资金多的就是债务人的资金使用成本。有一大部分也是债权人出借资金的收益(另外一部分是金融机构手续费),也称为融资利息,即融资成本率(融资利息率)=(偿付的金融资产－借入金融资产)/借入金融资产,简称融资利率。

(2)我们制定的统一标准

不同种类的金融工具它的投资收益率是不同的,就是同一种金融工具中,不同的产品(比如股票市场中不同的股票)的收益率也是不一样的。所以必须有一个统一的标准来比较不同种类金融工具(用于交换的金融资产)的价格,为此我们只能计算出同一种类下不同的金融工具在一定时期内的年平均综合回报率。金融工具(资产)价格是资金融通时投资者投资的回报(包括收益或损失即负收益)资金量,这个回报资金量与本金比例是回报率(包括收益率或负收益率)。融资成本的计算也基本相同。

为了统一比较,使用年平均综合回报率。年平均综合回报率是某一种金融工具在市场中一年的年平均综合回报率。

年,就是把所有收益都计算成年化收益率,比如一个金融产品的期限若不是刚好一年,则其计算公式为:年化收益率=收益/本金×该产品期限天数/365。

平均,是指同一种金融工具但不同产品的平均回报而不是某一个金融产品的回报,否则各种金融产品(如不同股票)回报相差太大无法比较。

综合回报,我们这里用回报而不用收益,一是考虑投资不仅会得到收益,也会亏损即收益是负的;在某些时候可能不仅仅有货币的收益,也会有其他的收益。

率,这个价格应该是一个比率而不是一定资金量的货币,一定资金量的货币会由于本金的不同而无法比较。

我们根据自身经历,大致估算了各种金融资产用于投资的年平均综合回报率(图1-3-5)。

有限期债务类年平均综合回报率较为固定,因此便于计算。

而无限期权益类属于权益,其持续时间较长,价格变化很大,年平均综合回报率变化幅度也很大,因而计算平均收益率比较复杂,计算时需要考虑投资者买入和卖出的时点,也就是与这种金融资产拥有的时期有关。若这个资产在上升时期,投资者就会有收益;若在下跌时期,投资者就会亏损。某一个金融产品的年平均综合回报率的计算方式较为简便,即:(这个金融产品卖出的价格－买入的价格)/买入价格/(持有天数/365)。可以以这个公式来计算某一个金融产品,也可以以这种细分金融市场的

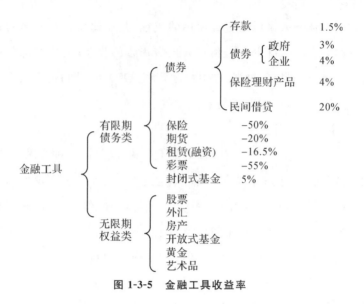

图 1-3-5　金融工具收益率

综合指数来计算这一种金融工具,但特别需要指出的是权益类金融资产价格不像有限期债务类那样可以叠加,权益类金融资产很可能按三年计算每一年的年平均综合回报率是正的,但是按五年计算每一年的年平均综合回报率却是负的。这是因为权益类金融资产的盈亏主要看其持有期的价格变化,而金融资产价格周期和整个国家经济周期变化相联系,需要读者自己去分析论证,找出里面的规律进行投资,以迅速达到财富自由。这是本教科书留给学习者最大、最难的作业。

3.4.4　融通的场所——金融市场

金融市场是买卖金融工具以融通资金的场所或机制。

金融市场被视为一种场所,是因为只有这样才与市场的一般含义相吻合;金融市场被视为一种机制,是因为金融市场上的融资活动既可以在固定场所进行,也可以不在固定场所进行。金融市场上资金的运动具有一定规律性,总是从资金多余的地区和部门流向资金短缺的地区和部门。金融市场按不同标准的分类见图 1-3-6。

金融市场可以按很多不同标准分类,其中较常见的是按金融资产的形式来划分。图 1-3-7 是我国金融市场按金融资产形式划分后,国家金融监管部门("一行两会")对各个细分金融工具交换市场的分工。

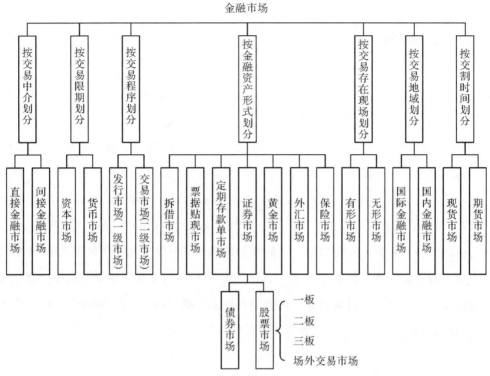

图 1-3-6 金融市场分类

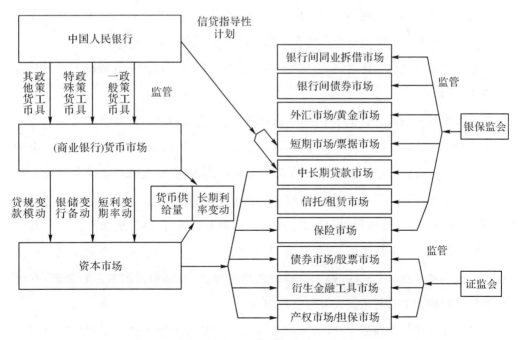

图 1-3-7 金融市场管理分工

3.4.5 融通的载体——金融工具

(1)动态的金融资产——金融工具

我们在前面讲了什么是金融资产。那金融资产和金融工具是什么关系？和金融产品、金融商品又是什么关系？笼统地说，它们基本上是同一个东西，只是在不同场合、用不同角度的不同说法。举个例子：一辆汽车，在你家里是家庭的一个资产，在汽车制造厂就是一个产品，再到市场上去销售则是商品；如果这辆汽车是绝版，转手卖出可以获取更多收益，那这个资产就变为你赚钱的工具。一般的商品在使用过程中会磨损，其价值也会因此打折扣。但金融资产是可以用货币来表示的，货币有时间价值，就是它的利息，所以它更多地被人们作为赚钱的工具。动态的不断被买进卖出用于赚取差价的金融资产就成了金融工具。我们这本书是按互联网大金融的思维，站在金融市场的主体——投资者和融资者的角度来写的，旨在普及金融知识，推广普惠金融，让投资者学习更多相关专业知识从而能在现实的金融市场上获得更多的收益，让融资者有更少的付出。但是不论是金融产品、金融商品还是金融工具，从静态看都是金融资产。

金融工具是用于交换的具有价值并且能够给持有人带来收益的金融资产。资金融通一般是通过金融工具这个载体在金融市场中进行交换来实现的。

金融工具是经济主体之间签订的表明交易双方的所有权关系或债权关系的金融契约或合同。

金融工具一般具有以下四个特征：法律性、流动性、收益性、风险性。

法律性指这种金融工具必须合法，在国家允许的范围内运用。如图 1-2-1 大金融体系里面正规金融和非正规金融的前面两类，即正在逐步规范的互联网金融和各级政府的金融办公室来负责管理的民间金融活动。它们是国家允许的合法的金融工具，有按合同有偿归还或付出利息的法律责任，如果不履行合同，法律可以追究其责任。但是最后一类非法集资、金融诈骗、金融传销等黑色金融就不是金融工具。因为这种金融活动本身就是非法的，无法得到法律的保护，所以根据国家最新规定，非法的黑色金融的损失需要由投资者自己承担。

流动性往往与变现能力挂钩，简单来说就是指某种金融工具容不容易转换成现金。一般来说，流动性越强，变现能力越强，风险相对就越小。

风险性常常与收益性成正比的关系。也就是说收益高的金融产品,其对应的风险就会比较大,反之亦然。

风险性常常和投资的金融产品的流动性成反比的关系。即流动性高的资产其风险就较容易获得有效控制;反之流动性低,无法变现,其风险会比看起来要大得多。

风险性指投资金融工具的本金和无风险利息是否有遭受损失的可能。其受损的风险有市场风险和信用风险两种。市场风险是指金融投资工具价格或市场价值波动带来的风险。信用风险是指债务人不履行合约,不按期归还本金的风险。

(2)分类

金融工具从大类分,一般分成债权类、股权类、衍生品类、其他类、实物资产类、合成类。需要说明的是实物资产本来是和金融资产相对的一个概念。但有一部分实物资产价值比较高,价格变化比较大,也会被人们利用其特点——并且是可以用一定货币量来表示的特点——用于流通,从而成为赚钱的工具,如房地产、黄金、珠宝、艺术品等等。

债权类金融工具:载明的是持有人对发行人的债权,主要是债券、基金等资产。债券是一种有价证券。债券的利息一般是事先确定的,所以债券是固定利息证券(定息证券也叫固定收益证券)的一种。在金融市场发达的国家和地区,债券可以上市流通。在中国,比较典型的政府债券是国债。

股权类金融工具:载明的是持有人对发行公司财产的所有权凭证,如分红权和剩余索取权等,主要是股票、其他权益类工具。股票是股份公司发行的所有权凭证,是股份公司为筹集资金而发行给各个股东作为持股凭证并借以取得股息和红利的一种有价证券。每股股票都代表股东对企业拥有一个基本单位的所有权。同一类别的每一份股票所代表的公司所有权是相等的。股东所拥有的公司所有权份额的大小,取决于其持有的股票数量占公司总股本的比重。

衍生类金融工具:基于原生性或基础性资产的远期性契约、期货、期权、互换、掉期等。互换,或称掉期,具有双重含义。在外汇市场上它是指掉期,即双方同时进行两笔金额相等、期限不同、方向相反的外汇交易;在资金市场上它是指互换,即双方按事先预定的条件进行一定时期的债务交换。互换交易涉及利息支付,这是它与掉期的基本区别。

合成类金融工具:一种由跨越了债券市场、外汇市场、股票市场和商品市场中两个或两个以上市场的金融工具合成的金融工具,如证券存托凭证、资产证券化等。

我们把金融资产分为三个层次，以上是大类；大类下面是各个不同的种类，比如债券有国债、企业债券等种类，这些种类下面可划分为不同的金融产品，如国债下面有一年期、三年期。我们觉得大类太笼统，计算复杂；种类下面各个金融产品又太细、太具体，计算结果效用不大。因此，我们以种类的综合回报率为计算标准。

3.4.6　融通的科学方法——资产组合

资金量比较大的投资者会选择不同投资工具，通过不同的细分金融市场投出去。为避免风险，投资者往往会把资金在不同大类，或在同一大类下不同种类的金融工具中进行分配，或在同一种金融工具的不同产品中进行投放（不把鸡蛋放在同一个篮子里）。资产组合则是指事先设计一定比例然后进行组合操作。根据其理论，投资者在厌恶风险和追求收益的驱动下，会根据组合风险收益的变化调整资产组合的构成。资产组合主要基于几点假设来进行资产配置：(1)所有投资者都是理性的，并且期望财富越多越好。(2)所有投资者都能够及时免费获得充分的市场信息。(3)投资者具有相同的预期，即有相同的投资行为，也意味着他们对证券的期望收益率、标准差以及证券间的相关性有相同的预期。(4)影响投资决策的主要因素为期望收益率及风险，即他们依据期望收益率和标准差选择证券（期望收益率最大，标准差最小）。(5)市场上存在且只有一种无风险利率。

资产组合的投资决策有自上而下的四步：(1)从风险资产和无风险资产之间的资本配置下手；(2)计算各大类资产（如上面的分类）间的配置；(3)考虑各种金融工具在不同细分金融市场的分配（如债权类长期存款、中国债、地方债等）；(4)决定每种金融工具内部不同品种的选择（如一年期、三年期等等）。

风险资产和小风险资产之间的配置是最重要的。一个资产多元化的投资组合通常会包括股票、债券、现金以及货币市场资产、实物资产等。其中，股票、债券通常情况下属于风险资产，而现金、货币市场资产以及实物资产通常情况下属于小风险资产。资产组合制定者首先要通过风险测定来判断资产组合购买者的风险厌恶系数，从而来估计购买者可以承受多少风险，确定对资产组合进行无风险资产配置的比例。

不同种类的风险资产的收益率、风险以及期限不同，为此我们也要对不同种类的风险资产比例进行合理配置。除此之外，我们也可以通过配置一些对冲资产来减少风险，通过对一定比例下的组合方差进行计算来选择一种方差最小的方案。

最后一步就是对具体产品的选择。对于股票来说，应该着重考虑公司的成长性以及目前的财务状况等，同时要避免具有泡沫的股票。对于债券来说，应该关心的是发债公司的财务状况以及未来的市场利率的变化情况。为了使非系统性风险降到最低，还可以在选择具体证券时进行分散化选择。

当开始配置资产组合后，需要将所有的资产汇总在一张纸上，这是组合制定者此时要做的最重要的事情，同时要时刻关注每一种资产的百分比。因为股票市场波动巨大，易造成资产组合中的比例剧烈变化，为了避免市场波动带来的影响，一般会每半年更新一下资产组合。对资产组合进行改变和重新设计投资组合时，我们不只需要考虑传统的股票、债券和货币市场的这一系列金融工具，还需要考虑购买黄金和不动产投资，这些投资组合可以帮助资产组合者们抵御恶性通货膨胀或者战争等意外事件。

资产组合有着众多的优点，它可以根据每一个投资者自身的情况来进行合理的投资配置，迎合投资者自身的风险偏好。分散化投资，可以降低整个组合的非系统风险，同时还可以在相同的风险下追求更高的收益，夏普比率就是其中一个衡量指标。资产组合还可以使我们获得各个市场的收益。假设我们的资产全在债券市场，那么经纪人无论做得有多么好，也很难从一个债券的投资组合中获得股票市场的收益。各个金融市场都会有各个市场的收益，会有自己的繁荣期与衰退期，在多个市场中同时操作，获得收益的机会大大超过仅在单个市场中操作获得收益的机会。在目前的金融环境下，仅仅只是在某单个市场操作的情况已经不多了，宏观对冲、大类资产配置才能获得更高更稳定的收益。

这也是我们和这本书配套的由浙江财经大学东方学院与同花顺公司合作设计"互联网大金融实训"软件的初衷——只有把所有的金融工具放在同一平台上，让学习者同时操作，才可能达到最佳效果。这也是这一套实训软件独特之处。

4 互联网大金融与传统金融的区别

互联网大金融思维与传统金融有哪些区别呢？我们觉得有以下的不同点。

4.1 学习金融的范围发生了变化

金融在某种意义上讲就是资金的融通。金融是个过程，并且它一方面在某一个国家的特定经济环境中运行，另一方面随着不断的改革开放会和全球的经济环境产生越来越紧密的联系。传统金融主要研究银行，到目前为止，很多金融的教科书基本上还是以"货币银行学"为主要内容。而在大金融时代，金融市场不仅仅包括直接金融与间接金融，还应该包括所有不在正规金融监管范围内的金融活动。大金融时代的金融市场主体是投资者和融资者，而银行只是金融中介里面的间接金融的一种金融机构。这个我们在图 1-2-1 中已经表示过。

大金融的特点为强调四个整体性。

(1)金融中介为一个统一的整体，不仅仅只有货币、信贷、银行(A)[1]，应该一起考虑另外一部分资金和直接金融机构(B)。由于金融业的起点是银行，它在几百年来金融发展的过程中起了十分重要的作用，所以一般人会把银行、保险等间接金融机构认为是金融，就连我们目前的教材很多还是把金融学和货币学、信用学、银行学等同起来。其实，今天衡量财富的主要标志已经不是货币，而是资金，货币只是资金的一部分，银行和保险等间接金融量在美国金融市场中占金融资产总量的比例只有不到三分之一，西方发达国家大致如此。所以加快直接金融的发展不仅是我国金融改革的首要任务，也是金融发展理论衡量一个国家金融深化程度的主要标志。

---

① 此处的 A、B、C、D、E 对应图 1-2-1 中的相应字母。

（2）必须把金融市场作为一个统一整体（C），而不应单单考虑金融中介（B）。如果把金融作为一个整体看，作为一个过程看，在这个金融市场上主体是投资者和融资者，只有金融机构是无法完成整个金融活动的。金融行业是一个服务性行业，金融中介机构是服务于投资者和融资者的。我们都讲客户是上帝，但在目前的理论体系中，有多少教材是为这些投资者和融资者编写的？有多少知识是为这个金融市场的主体服务的？一直站在金融中介的角度去传播金融知识，这个思维是不符合现代服务理论和实际的。应用型的学生必须要对目前主要的各种金融工具如何实际运作有一个比较全面的了解，以方便用于实际工作中。

（3）应该把金融和经济作为一个整体来研究（D），而不应该把它们割裂开。应该说金融是经济里面的一个行业，但随着经济的发展，金融业在经济中的地位越来越重要，它已经成为经济发展的主要动力。原来理论界认为金融是经济的"血液""神经"，现在大家普遍认为金融是经济的核心，是经济的主导行业，每一个国家经济的发展都无法离开金融发展的支撑。

尤其在中国，我们创造了史无前例的经济奇迹，连续 30 多年平均每年 GDP 以 9％的速度高速增长，远远超过了 20 世纪七八十年代的"日本奇迹"——连续 20 年 GDP 以平均每年 7％的速度增长，当时已经是世界经济发展的奇迹了。

中国经济高速发展当然有很多原因，但是我们认为主要是东方民族特有的偏好储蓄的价值观。中国经济缓进的改革形成多种所有制并存的现状，造成"金融剩余"，起了主要的推动作用，中国的高储蓄率可以集中大量信贷资金，按同比计算，中国 M2/GDP 的货币化率指标是美国的八到九倍，这给高投资率创造了条件，可以以高投资拉动经济发展。

但同时这也隐藏了巨大金融风险。从金融发展理论看，今后经济的发展必然会改变金融结构，所以在研究金融时一定要考虑经济环境，在研究经济时也一定要考虑金融的主导作用。

（4）应该把我国金融放在国际金融的整体（E）中来研究，不能把我国金融发展和国际金融割裂开。我国的改革开放已经过去 40 年了，基本上所有的行业都已经国际化，金融因为涉及面最广，完全市场化最难，所以是最后对外开放的行业。根据我国进入 WTO（世界贸易组织）的协议，我国将应该在若干年后全面开放金融业，这时间现在已经可以用倒计时来计算了。如果还按以前的金融保护的思维来看待我国以后的金融市场，那肯定会吃大亏。但我们的金融人才准备好了吗？我国的金融制度完善了吗？我国民众的金融思维能适应国际金融的发展吗？等等。作为高等学校的教师，金融专业的老师，难道我们不会感觉到身上的责任和压力吗？

4.2 看待金融的角度发生了变化

传统金融理论是从金融中介机构的角度去看待金融，以金融机构为主体。"大金融"是从整个金融市场的角度出发，以更高的角度去看待金融，金融市场的用户按照互联网思维进行投资和盈利。同时金融市场的用户就是投融资者，是主体，而金融机构从原来的传统金融的市场主角转变为第三方的服务机构，作为金融从业者的态度必须要转换。

这个在前文已经表示得比较清楚，前文也讲了如何保证金融市场主体——投融资者的利益。这个角度的把握，需要每一个学习者站在投融资者的立场去分析问题，这样才能使普惠金融得以落实，使投融资者能改变以前的被动局面，成为金融市场的主人，在金融活动中有更多的发言权。在目前情况下，中国在经济和金融体系快速发展的过程中，存在经济发展脱离实际产业的现象，且有踏入"中等收入陷阱"之中的可能性，形成"投资难"和"融资难"的两难局面。中国金融发展的总目标必须要通过支持产业升级和实体经济转型，全面服务国家和金融崛起的战略需要。

然而，据标普调查，超七成中国成年人是金融文盲——评级机构标普此前展开全球金融知识水平调查(标普全球 FinLit 调研)，发现中国民众金融知识水平低于全球平均水平，调查中72％的中国成年人不能正确理解风险分散、通货膨胀和复利等重要金融概念。调查显示，尽管亚洲地区金融产品的类别继续快速增多，但对于信贷、复利和其他重要金融概念，大部分消费者缺乏基本的认识。中国拥有正规存款的成年人中仅有约三分之一具备金融常识，仅有约52％了解利息。

综合以上调查结果，我们发现：我国居民目前情况为虽然存款等金融资产不断增加，但是掌握大量私人财产的人受教育程度还偏低。由于金融市场的不断开放，众多新的理财方式不断出现在社会当中，鱼龙混杂，存在诸多违规金融产品和行为，例如非法集资、金融诈骗、金融传销等等。而有一定资金财富的居民却限制于受教育程度，金融知识匮乏，却又被所谓"高收益"吸引，造成了最后资金被盗取的下场，该情形被定义为"金融乱象"。对于有一定财力但是文化程度不高的普通居民来说，当下流行的金融教材过度理论化，理解起来存在诸多困难。依照我国特殊禀赋以及当下的

"金融乱象"情况,构建符合中国居民理解的应用金融教材以及培养应用金融人才非常有必要,普及金融知识是普惠金融的基础。

另一方面,对金融机构的金融从业人员来讲,目前我国投融资者有100多万亿元的金融资产需要有人打理,而现在大家都觉得金融从业人员的年薪比较高,金融机构赚钱比实体企业容易,谁都想做金融,蜂拥而入,大大加剧了金融机构之间的竞争。但是,只有把客户作为上帝,提供更优质、更方便、更廉价的服务,才可能在这场激烈竞争中存活和发展。近一段时间,几家老牌大型商业银行纷纷"弯下腰"和才成立几年的互联网机构"联姻",就是对这个道理最好的说明。

4.3　学习金融的目的发生了变化

随着国内经济发展放缓,经济结构的调整迫在眉睫,各行各业都将经历阵痛性转变,从而必须进行供应侧的改革去适应市场的发展。这其中,也包括了人力资源供应的高等教育市场。作为一切之本的教育行业,必须要明确自身的定位,认清形势,找准方向,改变思维模式,为未来的竞争做好准备,尤其是在应用型大学里对金融专业的学生的培养。由于金融行业发展变化速度极快,对培养该领域人才的高校是一种考验。高校不能再以守旧传统的思想来培养人才,必须要引入金融领域新型理论,对人才进行应用性培养和使用,这样才能保证金融行业人才的综合素质。培养出适应现实中国金融市场发展的学生,才是我们制定培养方案的目的。

按照原来的传统金融学本科生的培养方案,我们金融专业培养的目标是金融机构的中高级管理者,学的是货币宏观理论和金融市场管理理论,但是现在我们培养的是金融市场高技能的应用型人才,不是金融市场的管理者,而是参与者,也就是在金融市场中各种金融工具的应用者。打个比方,我们认为就像现在大家使用家用电器一样,在如今信息爆炸的时代,我们只要了解电器的主要性能,有什么优缺点,哪一种更适合自己的现状就可以,不一定要完全了解其设计原理、制作工艺等等。所以:

(1)要注意精确计算。我们必须要精确计算金融工具的价格,每一个金融工具都应该有它的价格,所以对于列出的各种投资工具、融资工具和互联网金融工具,我们都应明确其目前发展状况和它应有的价格(包括投资回报价格、融资成本价格、金融中介费用)。

(2)要注意金融资产的变化趋势以及它们之间的组合,即金融资产的组合。因为金融资产在各个不同的时期变化趋势不同。如果我们明白了不同金融资产的变化趋势,那么就可以找出最佳的金融资产组合方式来取得更大的利益。这也就是我们这一本教材的编写思路。

4.4　学习金融的基础发生了变化

过去传统金融是以西方发达国家,尤其是只占全世纪人口15%的英美两国为基础的,所有的研究理论都建立在他们的制度、他们的价值观之上。而"大金融"理论是以中国的特殊情况为基础来进行研究的,所以我们要建设适合中国国家禀赋的、具有中国特色的金融理论研究和教学体系。占全世界人口85%的国家都没有证明新自由主义经济学是成功的,甚至连美国也没有用这个理论预测到2008年的经济危机。而中国经济近30年的高速发展却是根据自己国家的特殊国家禀赋和经济发展规划取得的成功,所以我们一定要改变学习基础,在应用型大学不能提倡以新自由主义原版教材为教科书。但目前我国经济学、金融学教育是以西方的新自由主义为理论基础的。新自由主义经济学理论自20世纪70年代末以来一直在西方经济学中占据主导地位,特别是在英美两国,该理论体系一直被广泛使用。同时,该理论也是全世界大部分政党所采取的政治和经济趋向,如西方资本主义国家在20世纪80年代的私有化浪潮、俄罗斯的"休克疗法"、拉美国家以"华盛顿共识"为基础的经济改革。但除了占全世界人口15%的英美两国外,该理论均未在其他国家取得预期效果。

新自由主义继承了资产阶级古典自由经济理论,其特征在于大力宣扬自由化、私有化、市场化和全球化。自从改革开放以来,中国在经济理论方面一味"西学",暴露出了许多问题,可归纳为以下两点:

(1)中国经济学研究中存在"生吞活剥"以及"滥用数学"现象。一方面,表现为理论上的"盲目崇拜"和"拿来主义",即认为新自由主义经济学可以包医百病,能够完全解决中国的问题;另一方面,表现为方法论上的机械照搬。尽管"标准的现代经济学数理方法"包含丰富的内容,要经过长期的基础教育培训才能被理解和掌握,才能被运用,但是很多学者却断章取义,机械地套用新自由主义经济学的标准模型来分析中国问题。还有些人认为,只要学好数学,什么经济学问题都能解决,于是,出现了滥用数学、"数学帝国主义"的现象。这说明,我国的经济学界在学习西方经济学上还处于"照猫画虎"阶段,并没有很好地"吸收",慢慢地从"海归派"蔓延到本土的学者,再教出一大批经济类的学生。他们对中国经济缺乏切身的理解,不去认真研究中国的实际问题,却直接把新自由主义经济学的理论和方法"嵌入式"移植过来,习惯用标准的"美国范式"分析和解决中国问题。

(2)在经济学界"西学为主流"的思潮当中,马克思主义政治经济学逐渐被边缘化,具体体现为:中国经济学教学和研究中存在以马克思主义经济学与西方经济学为基础理论并行的"双轨制",前者甚至有被淡化的趋势,教育方针和目标不明确;在理论经济学教学与研究中,新自由主义经济学的影响上升,马克思主义经济学的指导地位完全被削弱和被边缘化;等等。让人深省的是,虽然中国政府提出要建立社会主义经济模式而非美国模式,但是,中国经济学界和教育界某些权威却把美国经济学模式视为理想的模式,甚至有关部门规定发表论文以此为标准。这不得不让我们政策的制定者深

4-1

思:我们可以用劳动人民的血汗钱来培养反对中国现有体制、崇尚美国体制的接班人吗?

特别在国际金融危机后,我国经济靠国家宏观调控手段才得以使危机损害程度降至最低,这与新自由主义经济学理论相悖。我国属于社会主义性质国家,同时还属于发展中国家,相比于西方发达国家,我国经济制度还存在诸多不足,新自由主义经济学理论未必能成为我国经济建设的范本。

西方国家和中国的经济基础不同;以基督教为主流的西方国家和以儒家、道家、佛教为主流的中国价值观、思维方法不同;人们拥有财富和金融资产数量差别很大;等等。所以完全以他们的理论来解释中国经济是不行的,但是我们要注意吸取西方经济理论有用的部分。

4.5　学习金融的方法应该变化

过去传统金融把金融理论化,使整个金融理论西方化、数理化和模型化。好像金融就是高不可攀的一个理论,虽然任何金融产品的价格、任何风险通过复杂的数学运算都能计算出来,但这是华尔街的精英们才能做的事情。而实际上,根据上面所阐述的四维时空观中金融产品价格形成的理论来推理是不可能的。我们可以用实证法推

算某一类金融资产（金融工具）的价格，这正是我们这本教材要解决的问题。但我们很难计算出每一种个别的金融产品价格，所以现在互联网大金融要把金融从高高的象牙塔里面解放出来。目前为止，我国高等院校金融学专业的教学，几乎照搬美国经济学的体系，甚至以采用西方原版教材为荣，并且该理论体系下的课程强调金融的西方化、理论化以及数模化。

在近几年，西方发达国家的大学课堂上诸多学生已经质疑按照新自由主义经济学理论的上课模式，如该教学体系太过理论化以至于学生无法理解，最重要的是该理论下的金融学知识无法解释和预测金融危机的发生。对此在英、法、美一些著名的大学曾有学生集体抗议，例如在2014年5月，19国大学生致信英国《卫报》，他们批评当前西方新自由主义经济学的教育内容，其狭隘的自由市场理论严重损害了世界应对金融危机等挑战的能力。

4-2

特别是我国金融发展尚且处于初级阶段，相应的监管体制存在缺陷，并且存在大量的非正规金融（见图1-2-2），那么必将导致这种数理理论派的金融学理论无法在我国完全应用。尤其是上一节中，介绍到我国经济学界存在严重的"学术殖民"现象，将美国等发达国家的数学形式主义经济学作为最高标准来评判国内学者的研究能力，这会使得中国无法形成具有自己特色的道路，同时还会被西方别有用心的人所利用。

为了适应我国对金融人才的培养或者对金融领域的建设的要求，必须要依靠实证模式来构建"应用金融教学"，并将金融具体化，引入部分有用的经济理论（包括马克思主义政治经济学以及西方其他非主流经济学）来教学。同时，要依靠观察解释所看到的金融现象，再进行相应的判断，应以本土化、实证化、适用化而非理论化、数学化、模型化的角度来分析中国的金融市场。

要从普惠金融的角度，以实证的方法来使金融知识本土化、应用化和大众化。同时，在我国金融行业获取巨大利润的一些金融从业者未必见得有非常高的水平来研发新的金融产品。这类从业者都不是通过模型计算，而仅是利用现存的金融工具，通过自身灵活的操作以及对市场的准确判断来获取利润。但是，中国一些高校在对金融学专业的学生授课时，对各种金融工具的产生原理以及内部机制进行重点讲解剖析，对数学模型十分热衷，却对金融工具的实际运用简单带过。这种授课方式导致金融学毕业生对于现有金融工具的了解浮在表面，并没有真正地深入，到实际工作中一问三不知，毕业后进入相关岗位必须重新培训。

　　普惠金融最大的优点在于降低了金融行业参与者的门槛。由于中国国民素质总体水平较低,为了让普通的人群可以享受到金融服务所带来的好处,前提是让普通人群懂得金融工具以及金融的基本作用。那么作为金融专业教育工作者,首先需要做的就是普及金融知识,让金融的各项知识通俗化,易于普通人群理解和应用,即加强金融工具的应用性指导。

5 以互联网大金融思维重构培养方案

在前文中,我们分析了目前金融发展的形势变了,研究的角度变了,研究的范围变了,金融专业学生培养的目的变了。在伟大祖国迈向新时代的时候,我们必须跟上前进的步伐。我们调查了近 20 个用人单位、10 多所兄弟院校,向我校学生发了 1000 多份调查问卷,做了两个学校重大课题,基本建立了"互联网大金融"应用教学体系。本教学体系的相关课程是应我院应用型独立院校转型而创新的,有别于传统金融学系列课程的教学框架和理念,从全新的角度去诠释金融学,将原有的各门课程中符合目前我国金融实际的知识点重新有机地编排、整合,以配合应用型人才的培养需要。这属全国首创,从设计思路、课程结构、课程设置到教材编写都是从零开始,无从借鉴,此为本项目最大困难所在。在对应用金融教学改革中,浙江财经大学东方学院成了浙江省首批应用教学改革试点。我们进行了大胆的创新,并多次专门召开研讨会邀请国内外专家进行论证,得到了大家充分肯定。全国发行量最大的"金融学"统编教材之一的主编曹龙骐教授在其最近出版的《金融学》(第五版)前言里赞扬道:"如浙江财经大学东方学院,为响应国家关于高校向应用型转化的要求,坚持从实际出发,进行教学改革,不断开拓创新,该院领导和我的学生陈中放博士组织的创新团队,以本教材为专业基础理论课授课教材,在此基础上编写了应用金融系列教材包括《金融投资工具比较与应用》《企业融资模式与应用》《互联网金融》等……事实证明,这样的教学改革是符合形势发展要求的,也已初见成效。"

在调查和研究的基础上,我们制定了"以市场需求为导向,倒推设计;以现有知识为基础,循序而教"的设计思路。我们把所有金融机构要求学生掌握的技术能力的知识点和调查中毕业生感到自己欠缺的知识点罗列出来并加以分析,然后根据作者近 40 年来担任各个不同金融机构中高级管理岗位的经验和近 10 年的金融专业教学经验,结合关于学生比较容易接受的教学方式调查结果,重新排列组合,提出初步方案,反复修改。

　　曹龙骐老师对这个培养体系表达充分肯定。"坚持以培养实用性人才为主要目标，用创新的思维创建'大金融'课程体系并辅之以切合实际的安排和有效的管理措施，这种改革的理念和创新实践是非常可贵的，也符合当前本专科金融教学的客观要求。关于为什么符合当前的客观要求，其道理非常简单：一方面我们已经进入了一个'新金融'时代。它是一个使迅速增长的社会财富通过资金融通和证券运作变成资本的时代；它是一个人类已进入经济活动新领域即虚拟经济的时代；它是一个通过充分并有效的投资和融资使资本不断增值获取最佳效益的时代；它是一个全民投融资意识和防范化解风险意识得以极大提高的时代，也是一个通过投融资和资产证券化使市场机制得以重塑的时代。对此，我们必须响应时代的呼唤，聆听时代的声音，直面时代的挑战！另一方面，就金融市场本身来说，它是一个不断创新的市场，因为市场的需求就是催生金融创新的源头所在。一切都在'变'，我们只有因'势'而'变'，才能有所作为。社会、国家、企业以至于个人的发展，果然不能没有资产。但是历史的实践证明，从长远看，从根本上分析，当今世界，人才相比资财，人才更重要。那么，作为培养金融人才基地的教育部门来说，更没有理由因循守旧，无动于衷。其中，一位东方学院的领导说过：'我们培养的金融投融资人才，是对各种金融投资工具和融资方式都熟悉的人才。多为企业特别是中小企业培养这样的人才，这是我们的历史责任。'可见，培育适合市场需求的应用型人才，创建一条具有特色的教学之路，已被东方学院的领导和师生们视为共识。"

5.1　大金融课程体系

　　大金融课程体系见图 1-5-1。

第二套教材

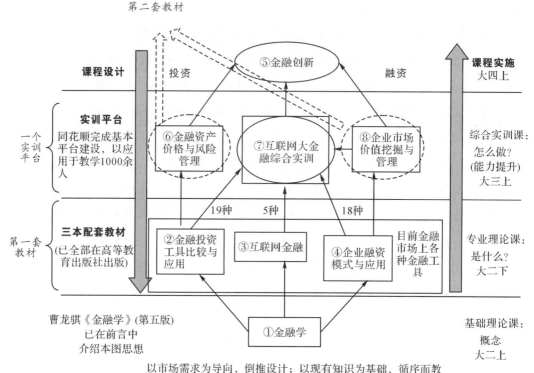

图 1-5-1 大金融课程体系

说明:1.方框内为理论课程,圆圈内为实践课程。

2.①是高等教育出版社出版的《金融学》,由曹龙骐主编,已发行70万册。曹老师也是本系列教材委员会主任。

3.②③④是由高等教育出版社出版的"应用型高校金融"系列教材,主要由浙江财经大学东方学院编写,培养了一批青年教师。

4.①②③④⑤已开课。

5.②③④⑤⑥5门课组成浙江财经大学东方学院应用金融课程群。

6.⑥⑦和⑤的初级版(即本教材)已经列入"浙江省'十三五'新形态规划教材"。

从图 1-5-1 的纵向看,我们抓住投资、融资两条主线相关内容;从横向看,总体上分成了一般与提高的两个层次,前一阶段主要是了解中国当前各种金融工具的基本情况,后一阶段包括提高使用各种金融工具的能力培养和技术培养。主要培养方向与相关课程见表 1-5-1。

表 1-5-1 主要培养方向与相关课程

阶段目标	投 资	融 资	其 他
基本知识培养	②金融投资工具比较与应用	③互联网金融	④企业融资模式与应用
能力技术培养	⑥金融资产价格与风险管理	⑦企业市场价值挖掘与管理	⑧互联网大金融综合实训

具体课程的主要内容如下：

②金融投资工具比较与应用。

我们以一套完整的指标体系介绍和评价各种金融投资工具，以及这些金融投资工具在目前中国金融市场的发展现状和操作流程。

③互联网金融。

根据 2015 年国家规定的口径对各种互联网金融工具进行了介绍。这些互联网金融目前实际在操作的流程包括 6 种金融机构的互联网应用模式和 5 种互联网机构的金融创新模式。

④企业融资模式与应用。

介绍企业的各种融资模式，以及这些融资模式在中国金融市场中的现实状况和操作流程，并根据企业生命周期的不同阶段列出相应比较适合的各种融资模式，力图帮助企业解决"融资难"问题。

⑥金融资产价格与风险管理。

以实证的方法研究中国改革开放以来各种金融资产的价格（即综合平均回报率）以及变化趋势，并且将其和宏观经济金融数据比较，和其他金融资产价格比较，从而训练学生进行金融投资组合，找到最佳资产配置方案，防范金融风险，提高金融投资效率。

⑦互联网大金融综合实训。

模拟了真实金融交易环境，使学生在"除了钱是假的，其他都尽量是真的"的条件下，体验所有基本的金融活动。计划提供 42 种金融工具，包括 19 种投资工具，18 种融资方式和 5 种互联网金融工具，并在实训阶段训练学生对各种金融资产的组合能力，把投资业绩作为该课程考核主要指标之一；分为初级版（金融活动体验）、中级版（金融综合实训）和高级版。

⑧企业市场价值挖掘与管理。

对企业市场价值的各种估值方法进行详细介绍，从银行信贷的净资产估值，提高到资本市场的市盈率法估值。通过帮助企业股改、企业财务、法律及企业管理规范,帮助其进入资本市场,从而提升企业价值,提高企业融资能力,使企业更好地发展。

5.2 金融实训中心和互联网大金融综合实训平台的建立

在明确金融市场的主体为投资者和融资者以及使用"应用金融"系列教材教学之后,我们应将已经掌握基本金融知识的学生引导至实践性操作中,即建立相应的应用金融教学实训体系。

5.2.1 金融实训中心的建立

从 2013 年起,在学校领导的支持下,我们和技术教育中心开始对 3 号实验楼一层进行设计装修,经过一年多的努力就基本完成了金融实训中心的建立。我们从总图平面安排、详图细节设计、装修质量监督到教学设备选购,从始至终全程参与,多快好省地达到我们应用金融教育的要求。金融实训中心分三大部分:

金融的历史:我们组织了学生社团"投融资学会"建设完成了货币与金融票据展览馆。馆内陈列了原始货币、近代货币、新中国成立后货币、世界货币、国内金融票据、国外金融票据六大部分,近千件展品。现在该展览馆作为金融学和经济学"货币历史"配套的实验课场所,在三年时间中已经迎接了校内外近千名参观者,成了海宁市社会科学普及教育基地。

金融的现态:金融实训中心里面有与目前最普遍的间接融资的典型——商业银行一模一样的银行营业部,和与直接融资的典型——证券公司一模一样的证券营业部,连装修和设备都完全一样,给学生的实训营造出真实感。

金融的未来:另外还有两个能容纳 138 名学生的大数据实验室,里面是一大堆我们想象中未来的电子显示屏。每一个投融资者,都可以在计算机上操作所有的投融资金融产品。在里面我们不设讲台,而是采用先进的教学设备,引导学生主动学习。

5.2.2 互联网大金融综合实训平台的建立

浙江财经大学东方学院以目前金融业实际运行的金融工具和模式为基础,组织了十多位教师专门成立了"互联网大金融综合实训项目开发小组",历经一年编写了

1000 多个流程图和表格,和同花顺公司合作,完成了互联网大金融综合实训软件。软件构成见图 1-5-2。

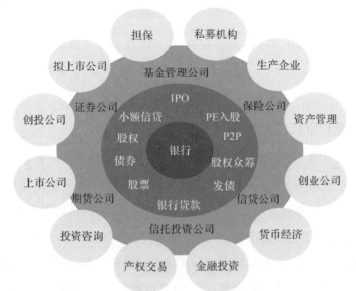

图 1-5-2　互联网大金融综合实训软件构成

基于互联网平台之上,经过二轮测试修改,到目前为止已经安排了充分的教学计划,有 12 轮 1300 多名学生参加了实训。每次实训后我们都进行学生问卷调查,90% 以上的学生反映使用体验良好。同花顺公司也在我校召开三次研讨会,全国有近百所高校参加,讨论和推广该产品,已经有安徽财经大学等学校购买此软件给学生实训。

互联网大金融综合实训平台模拟真实金融市场,以"场景模拟、角色扮演、任务推送、随需而变、不断发展"为指导思想,让学员运用真实的投资工具进行股票、期货、基金、外汇等 10 多种金融投融资工具操作,并依照各类投资资产的风险等级,由低到高让学员进行实训,逐级完成测试考核。同时,本综合实训平台也提供金融机构就业模拟,将金融实体机构搬进培训课堂,让一部分学员扮演银行、证券公司、期货公司、基金公司等各类金融机构的工作人员,实现与投资者的有效互动,全部的参与者都可以从投融资者角度理解金融市场。

课程内容包括课前动员、软件介绍、金融机构培训、各金融账户开户、银行业务(购房、购车、国债、理财、保险、信用卡等)、股票、外汇、期货、私募基金路演、组合投资、团队竞赛等。

从学生角度来看待平台的优势:避免了单纯吸收枯燥的理论课程,充分体会了"玩中学"的意义,能够快速而且有效地学习。

5.3　教材体系

这个教材体系主要由两个系列教材组成,即由高等教育出版社出版的"应用型高校金融"系列教材和浙江大学出版社出版的"互联网大金融"系列教材。

5.3.1　"应用型高校金融"系列教材

前一阶段曹龙骐老师给了我们很好的总结。他在系列教材的前言中写道:"浙江财经大学东方学院的师生们,多年来一直在理论和实践的结合上以努力培养能为经济建设和社会发展服务的应用性和技术型人才为终极目标,他们因势而变,结合社会的需求,从改革专业课程设置出发,创建符合学院自身发展的本科教学培养体系,他们将它命名为'互联网大金融课程体系',搭建新的课程体系,并相应地与同花顺公司共同建立'互联网大金融综合实训平台'。"其具体构想一是"互联网大金融课程体系"的创建,必须是面向所有学习金融的学生;二是对原课程体系重新进行合理组合,大体分为两大模块,即"金融公共基础模块课程"和"金融选修模块课程",前者主要由高等教育出版社出版的曹龙骐教授主编的《金融学》(第五版)本科教材和相应配套的教辅材料《〈金融学〉案例与分析》组成,后者由"企业融资模式与应用""互联网金融""金融投资工具比较与应用"三门有关金融实务的课程组成;三是在上述基础上创建"互联网大金融综合实训平台",通过在这一平台上运作,将所学的金融基本理论和金融基本技能相融合,使培养的人才更具有适应性和应用性。以上阶段我们基本已经做完,已经融入我们2015、2016级的教学计划,并取得很好的教学效果。

我们在高等教育出版社的支持下,成立了"应用金融系列教材编委会",由10多位国内外学者和金融界业内专家组成,曹龙骐教授任编委会主任,他也是目前全国高校金融专业使用最多的《金融学》教材主编。他在"十二五"普通高等教育本科国家级规划教材《金融学》(第五版)前言中,充分肯定我们的创新,对我们的三本教材给予高度的评价。

《金融学》(第五版)中主要对金融范畴、金融市场、金融机构及金融宏观调控这三个基本方面进行阐述,帮助学生学习金融体系基础知识。《金融投资工具比较与应用》一书中,主要按章节对各种金融投资工具以投资者角度进行详细介绍和比较。

《企业融资模式与应用》则主要以融资者角度来编写，阐述融资者如何在企业生命周期的不同阶段，依靠不同的融资工具来为企业发展获得资金支持。而《互联网金融》主要介绍互联网概念、思维以及互联网金融工具，帮助学生区分互联网金融与传统金融之间的差别，同时列明互联网金融的创新之处和对社会的利处。

这三本教材都已经出版（图 1-5-3）。

图 1-5-3　已经出版的教材

图 1-5-4 是基础课"金融学"及以上三门专业基础课以及"互联网大金融实训"之间课程内容的内在联系。

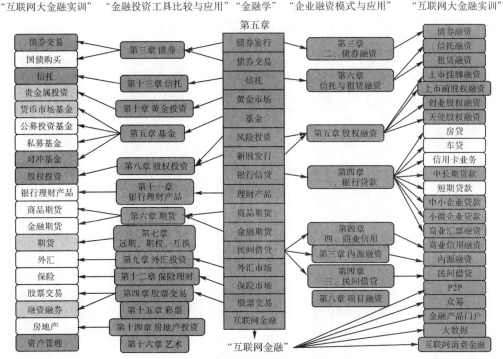

图 1-5-4　相关课程内容的内在联系

我们设计的 19 种投资工具、18 种融资工具与 5 种互联网金融工具在图 1-5-4 左右边上两条,其中白色表示同花顺公司按我们项目开发组的流程设计已经开发完成并且已经在实训平台中运行的;浅色表示已经开发完成但还没有和实训平台连接上的;深色表示还在准备的。中间一列是曹龙骐主编《金融学》第五章的内容。其左右两边各两列分别是《金融投资工具比较与应用》《企业融资模式与应用》《互联网金融》各章节。这套系列教材是有内在联系的。

5.3.2 "互联网大金融"系列教材

目前我们正在抓紧出版培养学生创新创业能力和技能的教材。我们已经申报了浙江省普通高校"十三五"新形态教材并立项了"互联网大金融"系列教材,即将由浙江大学出版社出版。

从投资角度,有《金融资产价格与风险管理》:

以实证的方法研究中国改革开放以来各种金融资产的价格(即利率)以及变化趋势,并且将其和宏观经济金融数据比较,和其他金融资产价格比较,从而进行金融资产组合,防范金融风险,提高金融投资效率。

从融资角度,有《企业市场价值挖掘与管理》:

主要介绍企业市场价值概念和意义,介绍各种估值方法,从银行信贷的净资产估值,提高到资本市场的市盈率法估值。通过帮助企业股改,提出企业财务、法律及管理规范,帮助其进入资本市场,从而提升企业价值,提高企业融资能力,使企业更好地发展。

5.4 金融创新创业能力培养

下一阶段,随着全国高校创新创业导向的明确,学校向应用型转化力度加大,重新制定了 2017 级培养的方案。在上一个阶段的基础上,我们提出对学生进行"金融创新创业能力"的培养。

培养目标:让学生通过学习有关金融知识,并经过反复金融仿真实训,提高其金融技术和能力水平,使其毕业后能运用各种金融工具(而不是创办如工业、农业、商业等实体企业),在金融市场里有比较全面的投资、融资能力,为今后创立自己的事业或在金融中介机构到良好发展打下基础。我们把此方面的能力称为金融创新创业能力,即基本面分析能力和技术面操作能力。

5.4.1　培养具备行业分析能力的人才

对于行业分析人才具体的培养方案为:让学生在基本掌握应用金融知识的基础上,选择自身偏好的一行业,在大学四年期间对该行业进行深刻的分析,包括对行业的发展状况、出台的法律法规、目前状况等的分析,充分了解该行业的优势、劣势、机会和威胁;同时,将学生的学年论文以及毕业论文的选题限定在该行业中,以学年论文和毕业论文的综合测评来对该学生关于这一行业的了解程度进行基本判断。在这样的情况下,通过论文的学生至少对该行业的研究能有深刻的了解,比如依靠基本面来分析某一股票是否具备长期投资的价值,若该股票的基本面非常完美,那么学生作为投资者可以在实训中购入该股票进行长期投资来获取利润。

5.4.2　策略交易和技术面分析

投资实训的第二部分体现为对学生技术性策略交易的培养。在互联网大金融实训平台中已经对接了同花顺公司开发的策略交易学习软件,下一步对接智能投资机器人软件。学生可以通过这些软件对股票进行技术面分析,可以帮助其制定该股票的投资策略,例如依靠技术面分析,对该股票实施短期波段性操作,以做 T 的方式赚取利润。依照上述两点,培养学生在金融市场中作为一名合格的金融行业投资者依靠投资来获取收益,使学生在未来参与到金融市场中时能够拥有完整的理论知识以及扎实的实践经验。

5.4.3　融资技能的培养目的

我们认为融资所需要注重的是企业市场价值的发掘。而在对企业价值的发掘以及管理中,必须要明确企业价值的定义,熟悉企业价值的不同定价方法,如:成本法、重置法、未来现金流折现法、市盈率法、点击率法。同时,应对学生传授企业价值挖掘的具体方法,即对企业进行尽职调查,在实训过程中学生必须掌握尽职调查的具体事项。在做好尽职调查之后,对企业进行财务审计也是必不可少的,这主要评估企业的价值。在审计完成后,对企业进行股份制改制,要求学生明确改制过程中所需要熟悉的法律法规以及具体的改制程序。最后,对企业实行企业价值的规划,即企业发展思路,从而达到企业价值外部的提升,使企业能上市、挂牌交易。

培养金融创新人才并非使用创新类教材教学即可,还需在传授其实践性知识后指引学习者如何将学到的知识在实际中应用,不断进行实训,达到培养学习者金融创新创业能力的目的。

比如在培养金融投资能力方面,我们现在只能用真实行情、虚拟资金以半年的时间做成一个比较好的业绩流水单。我们也在努力自己筹备一些资金或和机构合作,在 100 人之中选 30~50 人用真实行情和真实资金进行训练,在训练时设置两条风险控制线:总资产亏损 10%,资金量减少一半,20% 为斩仓线;反之也一样,盈利 10%,资金量扩大一倍,盈利 20%,奖励操盘手 20%。如果在行情平稳或上升阶段中,总盘子只会越做越大,使其能够可持续发展。这样更具有说服力。

如果能顺利执行以上"金牌操盘手"计划,我们可以培养一批受社会欢迎的应用型金融人才,并且带出一些金融创业的学生。

第二部分　金融仿真综合实训各阶段

第一阶段实训　实训动员

项目一　总　论

任务一　互联网背景下的大金融理论

一、任务简述

听微课"互联网大金融理论"。

二、知识准备

无

三、完成任务清单

无

任务二　课程动员及安排

一、任务简述

听实训教师讲述课程简介以及课程安排。

二、知识准备

无

三、完成任务清单

无

任务三　角色确定

一、任务简述

请参加实训的学生定位自己的角色,分别为金融机构工作人员兼投资者和投资者。每一位学生默认为投资者,如想成为金融机构工作人员,则应填写简历申请金融机构的工作岗位。

金融机构竞聘岗位如下:

银行行长 1 名,职员 5～6 名(根据实训人数进行调整,下同)。

证券营业部总经理 1 名,职员 5～6 名。

期货公司总经理 1 名,职员 3～4 名。

基金营业部总经理 1 名,职员 3～4 名。

金融综合服务公司总经理 1 名,职员 3～4 名。

二、知识准备

无

三、完成任务清单(附表单)

表 2-1-1 个人求职简历

任务四　软件系统操作培训

一、学习内容

请投资者学习"互联网大金融综合实训平台"软件的操作方法。

使用说明如下。

(一)登录系统

1.在学校内网环境下,使用浏览器(务必使用谷歌 Chrome 浏览器)输入 10. 1. 16. 23 进入实训首页,看到以下界面(图 2-1-1)。

图 2-1-1

2.点击快速注册（建议用邮箱注册），注册完毕之后，输入账号密码即可登录。

3.登录后，身份选择请选择学生，随即输入自己的学号（图 2-1-2）。

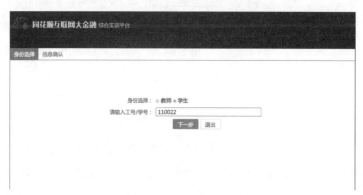

图 2-1-2

4.在绑定密码中再输入一遍学号（这里输入学号，不要输入密码）（图 2-1-3）。

图 2-1-3

5.绑定账号并选择课程之后,可看到以下界面(图2-1-4):

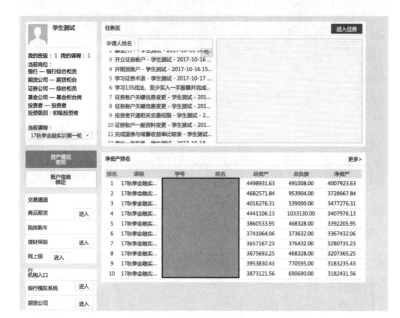

图 2-1-4

(二)系统说明(参见图 2-1-4)

1.任务区

任务区在主页的正中间,是最主要的模块,教师发布的任务都会展示在这个模块中。点击某个任务并点击任务区右上角的"进入任务",可以查看该任务的要求。按照任务的要求,学生进行任务操作,在操作完成之后,点击该页面左上角"完成任务",即可完成该任务。

2.当前岗位

在主页左方,学生可查看自己所属的岗位。每个学生都是从"投资者"开始。当学生申请了金融机构职位后,在该地方可看到相应的金融机构职位。

3.账户信息绑定

当学生完成开户之后,点击主页左下角的"账户信息绑定",将新开的银行、证券等账户在该页面进行绑定。

4.交易通道

在主页左下角,"账户信息绑定"按钮下方,有交易通道栏目。当学生将不同投资品种的账户信息绑定之后,就会出现该投资品的交易通道。点击后面的"进入"按钮,即可进行交易。

5.机构入口

在交易通道的下方(图 2-1-4 中没有显示),学生被指定为金融机构工作人员之后,就会出现机构入口。点击后面的"进入"按钮,即可进入机构的工作系统。

(三)主页标题栏说明

主页的上方,有一排标题栏,见图 2-1-5:

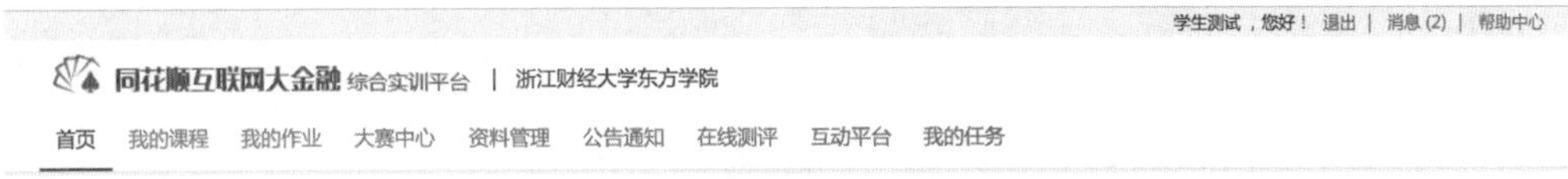

学生测试,您好！ 退出 ｜ 消息 (2) ｜ 帮助中心

同花顺互联网大金融 综合实训平台 ｜ 浙江财经大学东方学院

首页　我的课程　我的作业　大赛中心　资料管理　公告通知　在线测评　互动平台　我的任务

图 2-1-5

主要的功能为:

我的作业:提交作业的通道,学生将需要上交的电子版文件传到这里,教师即可看到并且批改。

资料管理:在资料管理中,有关于各种投资品种的金融知识和上课任务的补充说明,请投资者在资料管理中进行下载学习。

在线测评:升级测试模块主要用于对学生知识掌握程度的测试,由教师端随机生成试卷,推送给所有学生测试,并作为一个重要的评分标准。教师发布的测试会在该栏中。点击进入可以参加测评。

互动平台:学生有问题可以在该栏下面进行留言。

我的任务:学生在该栏下可以查看已经做过的任务和各个任务的执行情况。

消息( ):在主页的右上角,有和课程相关的消息。注:当学生被指定为金融机构工作人员时,会有消息显示,查看即可显示自己的工号,用工号即可登录金融机构的工作系统。

二、课前预习

无

三、实训内容和任务清单

无

任务五　诚信测试

一、任务简述

请投资者登录实训系统,完成诚信测试。

二、知识准备

无

三、完成任务清单

无

项目二　各金融机构岗位培训

任务一　各金融机构岗位培训

一、任务简述

金融机构工作人员接受实训指导教师的岗位培训,登记工作岗位并领取工作材料(表单、印章、工作牌等)

二、知识准备

无

三、完成任务清单

无

第一阶段附录:阶段任务表单汇总

表单 2-1-1 个人求职简历 YHT-001

班级:＿＿＿＿＿＿

姓名:＿＿＿＿＿＿

学号:＿＿＿＿＿＿

个人简历

姓名		性别		生日		照 片
民族		政治面貌				
学制		学历		户籍		
专业		毕业学校				
技能、特长或爱好						
外语等级		计算机				
个人履历(教育背景或工作背景)						
时 间	单 位		经 历			
自 我 评 价						

第二阶段实训　银行业务

项目一　银行开户

任务一　开活期账户

一、任务简述

请每位投资者去银行开设活期账户。

二、知识准备

银行开活期账户的要求以及需要携带的材料为身份证。

三、完成任务清单

无

项目二　国　债

任务一　国债产品的收益率比较分析

一、任务简述

请投资者比较国债产品的收益率和至少五个商业银行的相应期限的定期储蓄利率,并填入"国债和储蓄产品收益率比较表"中。

二、知识准备

国债基本知识以及收益率的计算方式。

三、完成任务清单(附表单)

表单 2-2-1 国债和储蓄产品收益率比较表 YHT-094

任务二　国债的申购

一、任务简述

请投资者在确定购买国债种类和期限后,赴银行营业部购买国债。每位投资者必须购买电子式或凭证式中至少一种类型的国债。

二、知识准备

国债基本知识以及收益率的计算方式。

三、完成任务清单(附表单)

表单 2-2-2 凭证式国债收款凭证 YHT-096
表单 2-2-3 电子式国债认购确认书 YHT-097

任务三　国债的汇兑

一、任务简述

请购买了国债的投资者在规定期限内,按照自己的投资偏好选择到期汇兑或是提前汇兑,并赴银行将国债汇兑。收益率和手续费请参照知识库。

二、知识准备

国债汇兑基本知识。

三、完成任务清单（附表单）

表单 2-2-4 利息清单 YHT-098

表单 2-2-5 业务收费凭证 YHT-099

项目三　理财产品

任务一　理财产品种类比较和收集

一、任务简述

请投资者浏览系统中的理财产品基本资料，并将理财产品的各个要素填入"理财产品综合比较表"中。

二、知识准备

理财产品的基本知识（见知识库）。

三、完成任务清单（附表单）

表单 2-2-6 理财产品综合比较表 YHT-100

任务二　银行理财产品的签约购买

一、任务简述

请投资者去银行柜台完成投资风险评估测试，并购买理财产品。

二、知识准备

理财产品综合比较表。

三、完成任务清单（附表单）

表单 2-2-7 模拟银行第一支行理财产品风险评估测试 YHT-101

表单 2-2-8 模拟银行第一支行理财产品风险揭示书 YHT-102

项目四　银行保险

任务一　保险产品的选择

一、任务简述

请投资者查阅系统中的保险产品,进行比较,并根据保险种类以及自身或者家庭的实际情况,撰写一份银行保险购买计划,不少于 400 字。

二、知识准备

银保产品的基本知识(见知识库)。

三、完成任务清单(附表单)

表单 2-2-9 银行保险购买计划 YHT-104

任务二　银行保险的签约

一、任务简述

请投资者去银行柜台签约购买理财产品。

二、知识准备

银行保险综合比较表。

三、完成任务清单(附表单)

表单 2-2-10 模拟银行第一支行保险单样本 YHT-105

项目五　货币市场基金

任务一　货币市场基金产品的查询和购买

一、任务简述

请投资者查阅系统中的货币基金产品,重点查看基金规模、基金流动性以及基金业绩等部分。查询完毕之后,在系统中购买货币基金。

二、知识准备

货币市场基金基本知识(见知识库)。

三、完成任务清单

无

项目六　申请银行住房抵押贷款

任务一　申请银行住房抵押贷款

一、任务简述

请投资者在系统中选择需要购买的住房,并且完成首付款的支付。完成首付后,携带相应的资料赴银行柜台办理房贷。

二、知识准备

房贷基本知识以及所需的材料(见知识库)。

三、完成任务清单(附表单)

表单 2-2-11 模拟银行第一支行个人住房贷款申请书 YHT-106

表单 2-2-12 收入证明 YHT-107

表单 2-2-13 房屋产权证 YHT-108

表单 2-2-14 房地产买卖合同 YHT-109

项目七　申请银行汽车消费贷款

任务一　申请汽车消费贷款

一、任务简述

请投资者在系统中选择需要购买的汽车,并且完成首付款的支付。完成首付后,携带相应的资料(收入证明、身份证、驾照)赴银行柜台办理车贷。

二、知识准备

车贷基本知识以及所需的材料(见知识库)。

三、完成任务清单(附表单)

表单 2-2-15 模拟银行第一支行个人汽车贷款申请书 YHT-110

表单 2-2-16 收入证明 YHT-107

项目八　申请银行信用卡

任务一　申请信用卡

一、任务简述

请投资者赴银行填写信用卡申请表,申请一张信用卡。

二、知识准备

信用卡基本知识以及利率(见知识库)。

三、完成任务清单(附表单)

表单 2-2-17 模拟银行第一支行信用卡申请表 YHT-111

表单 2-2-18 收入证明 YHT-107

第二阶段附录:阶段任务表单汇总

表单 2-2-1 国债和储蓄产品收益率比较表 YHT-094

班级：＿＿＿＿＿＿＿

姓名：＿＿＿＿＿＿＿

学号：＿＿＿＿＿＿＿

浙江财经大学东方学院　　　　《金融仿真综合实训》

网址：www.zufedfc.edu.cn　编号：YHT-094

国债和储蓄产品收益率比较表

序号	银行	活期	定期利率（%）					
			三个月	半年	一年	二年	三年	五年
1	央行基准							
2								
3								
4								
5								
6								
7	电子式国债	/	/	/	/	/		
8	凭证式国债	/	/	/	/	/		

表单 2-2-2 凭证式国债收款凭证 YHT-096

班级：＿＿＿＿＿＿＿＿

姓名：＿＿＿＿＿＿＿＿

学号：＿＿＿＿＿＿＿＿

浙江财经大学东方学院　　　　　　　《金融仿真综合实训》

中华人民共和国凭证式国债收款凭证

东方模拟银行第一支行　　　　　　　　　　流水号

购买日期	起息日期	印密	年度	期次	期限	年利率	到期日期	柜员号
						%		

账号　　　　　　　户名

金额（大小写）

禁止流通　　　　　银行签章

	兑取日期	计息天数	年利率	利息	柜员号
			%		

兑取时：复核　　　出纳　　　记账　　　购买时：复核　　　出纳　　　记账

网址：www.zufedfc.edu.cn　编号：YHT-096

第一联　客户收执

浙江财经大学东方学院　　　　　　　《金融仿真综合实训》

中华人民共和国凭证式国债收款凭证

东方模拟银行第一支行　　　　　　　　　　流水号

购买日期	起息日期	印密	年度	期次	期限	年利率	到期日期	柜员号
						%		

账号　　　　　　　户名

金额（大小写）

禁止流通　　　　　银行签章

	兑取日期	计息天数	年利率	利息	柜员号
			%		

兑取时：复核　　　出纳　　　记账　　　购买时：复核　　　出纳　　　记账

网址：www.zufedfc.edu.cn　编号：YHT-096

第二联　银行留存

表单 2-2-3 电子式国债认购确认书 YHT-097

班级：_____

姓名：_____

学号：_____

浙江财经大学东方学院　　　　　　　　　《金融仿真综合实训》

中华人民共和国储蓄国债（电子式）认购确认书

年　月　日　　　　　　　　　　　流水号

网址：www.zufedfc.edu.cn　　编号：YHT-097

个人信息	户　名			
	托管账号		资金账号	
债券基本信息	债券代码		期　限	
	起息日		到期日	
	付息方式		认购面额	
	计息方式			
提兑	持有区间：　　月----　　月，适用利率：　　0　　，扣除利息天数：　　天；			
	持有区间：　　月----　　月，适用利率：执行利率，扣除利息天数：　　天；			
	持有区间：　　月----　　月，适用利率：执行利率，扣除利息天数：　　天；			
	持有区间：　　月----　　月，适用利率：执行利率，扣除利息天数：　　天；			

第一联　客户收执

经办：　　　　复核：　　　　银行签章：　　　　客户签字：

浙江财经大学东方学院　　　　　　　　　《金融仿真综合实训》

中华人民共和国储蓄国债（电子式）认购确认书

年　月　日　　　　　　　　　　　流水号

网址：www.zufedfc.edu.cn　　编号：YHT-097

个人信息	户　名			
	托管账号		资金账号	
债券基本信息	债券代码		期　限	
	起息日		到期日	
	付息方式		认购面额	
	计息方式			
提兑	持有区间：　　月----　　月，适用利率：　　0　　，扣除利息天数：　　天；			
	持有区间：　　月----　　月，适用利率：执行利率，扣除利息天数：　　天；			
	持有区间：　　月----　　月，适用利率：执行利率，扣除利息天数：　　天；			
	持有区间：　　月----　　月，适用利率：执行利率，扣除利息天数：　　天；			

第二联　银行留存

经办：　　　　复核：　　　　银行签章：　　　　客户签字：

表单 2-2-4 利息清单 YHT-098

班级：＿＿＿＿＿＿

姓名：＿＿＿＿＿＿

学号：＿＿＿＿＿＿

浙江财经大学东方学院　　　　　　　　　　　《金融仿真综合实训》

东方模拟银行计算利息清单

年　月　日

户　名		账　号		

开户银行				

起息日期	结息日期	天数	基数	利率	利息
			千 百 十 万 千 百 十 元 角 分		千 百 十 万 千 百 十 元 角 分

上列（存/贷款）利息已（向/从）＿＿＿＿＿　　科目
账户中支付。　　　　　　　　　　　　　　　对方科目

银行盖章　　　　　　复核员：　　　　　记账员：

网址：www.zufedfc.edu.cn　编号：YHT-098

第一联　客户回单

浙江财经大学东方学院　　　　　　　　　　　《金融仿真综合实训》

东方模拟银行计算利息清单

年　月　日

户　名		账　号		

开户银行				

起息日期	结息日期	天数	基数	利率	利息
			千 百 十 万 千 百 十 元 角 分		千 百 十 万 千 百 十 元 角 分

上列（存/贷款）利息已（向/从）＿＿＿＿＿　　科目
账户中支付。　　　　　　　　　　　　　　　对方科目

银行盖章　　　　　　复核员：　　　　　记账员：

网址：www.zufedfc.edu.cn　编号：YHT-098

第二联　银行留存

表单 2-2-5 业务收费凭证 YHT-099

班级：_____

姓名：_____

学号：_____

表单 2-2-6 理财产品综合比较表 YHT-100

班级：_____

姓名：_____

学号：_____

理财产品综合比较表				
产品名称	产品起止日期	实际天数	收益类型	实际收益率

注：收益类型选填保证收益，保本浮动收益，非保本浮动收益。

表单 2-2-7 模拟银行第一支行理财产品风险评估测试 YHT-101　　班级：＿＿＿＿＿＿

姓名：＿＿＿＿＿＿

学号：＿＿＿＿＿＿

投资者风险评估测试

尊敬的投资者：

以下 9 个问题将根据您的财务状况、投资经验、投资风格、风险偏好和风险承受能力等对您进行风险评估（每个问题请选择唯一选项，不可多选），它可协助我们评估您的投资偏好和风险承受能力，有助于您控制投资的风险，同时也便于我行据此为您提供更准确的投资服务。

请在相应的选项前打钩☑：

1.你投资 60 天后，价格下跌 20％，假设所有基本情况不变，你将怎么做？

a.为避免更大的担忧，把它抛掉再重新选择。

b.什么也不做，静等收回投资。

c.再买入，这正是投资的好机会，同时也是便宜的投资。

2.现在换个角度看以上问题。你的投资下跌了 20％，但它是资产组合的一部分，用在三个不同的时间段上达到投资目标。

2-1.如果投资目标是 5 年以后，你怎么做？

a.抛出

b.什么也不做

c.买入

2-2.如果投资目标是 15 年以后，你怎么做？

a.抛出

b.什么也不做

c.买入

2-3. 如果投资目标是 30 年以后，你怎么做？

a. 抛出

b. 什么也不做

c. 买入

3. 在你买入退休基金一个月后，其价格上涨了 25％，同样，基本条件没有变化，高兴之余你怎么做？

a. 抛出并锁定利润

b. 保持卖方期权并期待更多收益

c. 更多地买入，因为可能还会上涨

4. 你的投资期限在 15 年以上，目的是保障养老，你更愿意怎么做？

a. 投资于货币市场基金或保证投资合约，放弃主要所得的可能性，重点保证本金安全

b. 一半投入债券基金，一半投入股票基金，希望在有些增长的同时，还有固定收入保障

c. 投资于不断增长的共同基金，其价值在该年可能会有巨幅波动，但在 5 年或 10 年之后有巨额收益的潜力

5. 你刚刚获得一个大奖，但具体哪一个由你来定，你会选择：

a. 2000 美元现金

b. 50％的机会获得 5000 美元

c. 20％的机会获得 15000 美元

6. 有一个很好的投资机会，但是你需要借钱，你会接受贷款吗？

a. 绝对不会

b. 也许

c. 会的

7. 你所在的公司要把股票卖给职工，公司管理层计划在 3 年后上市，在上市之

前,你不能出售手中股票,也没有任何分红,但上市时你的投资可能会翻 10 倍,你会投资多少钱买股票?

　　a.一点也不买

　　b.两个月的工资

　　c.四个月的工资

风险容忍度评分

按照以下方法将你的答案乘以不同的系数并相加,就会得出测试结果。

a:1 分　b:2 分　c:3 分

评分标准:

9～14 分　保守的投资者

15～21 分　温和的投资者

22～27 分　激进的投资者

投资者签署:

签署日期:　　　　　　　　　　　　　　　复核人:

表单 2-2-8 模拟银行第一支行理财产品风险揭示书 YHT-102

班级：＿＿＿＿＿＿

姓名：＿＿＿＿＿＿

学号：＿＿＿＿＿＿

模拟银行第一支行理财产品风险揭示书

理财非存款、产品有风险、投资须谨慎

特别提示：本产品为（保证/非保证　收益）类理财产品。本理财产品不保证本金和收益，投资者可能会因本揭示书所列风险蒙受损失，请充分认识投资风险，谨慎投资。

本产品风险评级为（R1　R2　R3　R4　R5）级，适合风险评级为（"谨慎型""稳健型""平衡型""进取型""激进型"）的客户认购。如影响投资者风险承受能力的因素发生变化，请及时重新完成风险承受能力评估。

以下风险揭示内容请投资者详细阅读，在充分了解并清楚知晓本产品蕴含风险的基础上，通过自身判断自主参与交易，并自愿承担相关风险：

1. 信用风险

产品存续期间，如果发生信托公司违约、挪用信托财产或所持债券的发行人破产、违约等极端情况，投资者本金有可能受到损失。在最不利的情况下，投资者可能损失全部投资本金及理财收益。

2. 市场风险

产品存续期间，如果产品募集资金所购买的信托计划投资收益达不到测算收益率，投资者将不能获得预期回报。如果投资后市场利率或信用利差增加，投资者本金有可能受到损失。

3. 利率风险

产品存续期间，如果市场基准利率上升，本理财产品年化收益率不随市场基准利率上升而提高。

4. 流动性风险

投资者没有提前终止权。本合同经投资者和模拟银行第一支行双方签字确认即时生效，理财本金将自动冻结。在上述冻结期间和产品存续期间，投资者不得要求支取、使用理财本金的全部或任何部分，不得再设定其他任何第三方权益。

5.信息传递风险

模拟银行第一支行按照本说明书有关"信息公告"条款,发布理财产品相关信息公告。投资者应根据该条款的约定及时登录模拟银行第一支行网站或向模拟银行第一支行理财经理咨询。如投资者未及时查询,或由于通信故障、系统故障以及不可抗力等因素影响使投资者无法及时了解产品信息,因此而产生的责任和风险由投资者自行承担。

6.其他风险

指由于自然灾害、战争等不可抗力因素的出现,将严重影响金融市场的正常运行,从而导致理财资产收益降低或损失,甚至影响理财产品的受理、投资、偿还等的正常进行,进而影响理财产品的资产收益安全。

确认函

投资者在此声明:本人已认真阅读并充分理解《模拟银行第一支行( )理财产品协议书》《模拟银行第一支行( )理财计划产品说明书》与上列《风险揭示书》的条款与内容,充分了解并清楚知晓本理财产品蕴含的风险,充分了解履行上述合同文件的责任,具有识别及承担相关风险的能力,充分了解本理财产品的风险并愿意承担相关风险,本人拟进行的理财交易完全符合本人从事该交易的目的与投资目标;本人充分了解除上述产品说明书明确规定的收益或收益分配方式外,任何预计收益、预期收益、测算收益或类似表述均属不具有法律效力的用语,不代表投资者可能获得的实际收益,不构成模拟银行第一支行对本理财计划的任何收益承诺,仅供投资者进行投资决策时参考。本人声明模拟银行第一支行可仅凭本《确认函》即确认本人已理解并有能力承担相关理财交易的风险。

投资者在此确认:本人风险承受能力评级为:＿＿＿＿＿＿。本人已充分认识叙做本合同项下交易的风险和收益,并在已充分了解合同文件内容的基础上,根据自身独立判断自主参与交易,并未依赖于银行在合同条款及产品合约之外的任何陈述、说明、文件或承诺。

根据中国银行业监督管理委员会令(2011 年第 5 号)文《商业银行理财产品销售管理办法》,请抄录以下语句并签字:"本人已经阅读上述风险提示,愿意承担相关风险。"

银行经办人(签名):　　　　　　　　　　投资者(签名):

日期:　　年　　月　　日

表单 2-2-9 银行保险购买计划 YHT-104

班级：＿＿＿＿＿＿

姓名：＿＿＿＿＿＿

学号：＿＿＿＿＿＿

　　撰写一份银行保险购买计划。在计划中，详细写出个人或者家庭的人身或者财产情况。根据自身情况得出投保要求，查阅系统中的保险产品，确定自己要购买的保险产品并给出投保理由。计划不少于 400 字。

表单 2-2-10 模拟银行第一支行保险单样本 YHT-105

班级：＿＿＿＿＿＿

姓名：＿＿＿＿＿＿

学号：＿＿＿＿＿＿

模拟银行第一支行银行保险基本险保险单

保险单号码：＿＿＿＿＿＿＿

鉴于＿＿＿＿＿＿＿（以下称被保险人）已向本公司投保财产保险基本险以及附加

＿＿＿＿＿＿＿险，并按本保险条款约定交纳保险费，本公司特签发本保险单并同意依

照财产保险基本险条款和附加险条款及其特别约定条件，承担被保险人下列财产的

保险责任。

险种	标的	以何种价值投保	保险金额(元)	赔付率(％)	保险赔金(元)
基本险					
特约保险					

总保险金额：(大写)　　　　　　　　　　　　　(小写)

受益人：

特别声明：发生保险事故时，被保险人未按约定交付保险费，本公司不负赔偿责任。

保险责任期限自＿＿＿年＿＿月＿＿日零时起至＿＿＿年＿＿月＿＿日二十四时止

特别约定	被保险人地址：＿＿＿＿＿＿＿＿ 电话：＿＿＿＿＿＿＿＿＿＿ 邮政编码：＿＿＿＿＿＿＿＿ 职业：＿＿＿＿＿＿＿＿＿＿	保险人：＿＿＿＿＿＿保险有限公司 (盖章) 地址：＿＿＿＿＿＿＿＿＿＿ 邮编：＿＿＿＿＿＿＿＿＿＿ 电话：＿＿＿＿＿＿＿＿＿＿ 传真：＿＿＿＿＿＿＿＿＿＿ ＿＿＿＿年＿＿月＿＿日

经理：＿＿＿＿＿　会计：＿＿＿＿＿　复核：＿＿＿＿＿　制单：＿＿＿＿＿

表单 2-2-11 模拟银行第一支行个人住房贷款申请书 YHT-106

班级：_____

姓名：_____

学号：_____

模拟银行第一支行银行个人住房借款申请书

编号：_____

申请书提交日期：　　年　月　日；　　贷款银行收妥日期：　　年　月　日

贷款银行受理人：_____

申请人姓名			出生年月		性别	□男□女	民族	
证件种类			证件号					
配偶姓名			出生年月		性别	□男□女	民族	
证件种类			证件号					
申请借款金额（万元）	大写					小写		
申请借款期限		年	健康状况		□良好　　　□一般　　　□差			
现工作单位						职务		
职　　称								
单位地址及邮编					本地居住时间		_____年	
进入现单位时间			年　　　月					
家庭电话			办公电话			移动电话		
传真电话						电子邮箱		
通信地址						邮政编码		
申请人月收入		元	家庭月收入	元	家庭月支出			元
共同申请人信息								
姓名		性别		年龄			婚姻状况	
月收入		证件种类及号码				工作单位		
与主申请人关系								
通信地址								

拟购房资料			
售房单位(全称)			
房屋坐落位置			
房屋类型	□经济适用房　□商品房　□别墅　□商业用房　□其他		
房屋形式	□期房　□现房	售房合同编号	
房屋建筑面积	m²	单位售价	元/m²
房屋价值	元	已付购房款	元
房屋所有权证编号			
物业费	/m²/月	购房目的	□自住　□投资

最高额抵押贷款			
申请最高额抵押贷款	□是　□否	申请贷款额度	元
首次贷款用途			
有效期间	年	保类型	□最高额抵押 □阶段性保证加最高额抵押

借款申请人声明

1. 以上申请书及其所附资料所填内容为本人所填,且完全属实。如资料失实或虚假,本人愿承担相应法律责任。
2. 本人同意以坐落于_____市_____区(县)____号的房屋(商铺)产权证及该房屋(商铺)占用范围内的土地使用权证作为借款人_____向贷款人模拟银行第一支行股份有限公司湖南省分行_____申请贷款担保之用,并承诺按贵行的要求签订抵押合同和办理抵押登记手续。
3. 本人承认以此申请书作为向贵行借款的依据。报送的资料复印件可留存贵行作备查凭证。
4. 经贵行审查不符合规定的借款条件而未予发放贷款的,本人无异议。
5. 本人保证在取得银行贷款后,按时足额偿还贷款本息。
6. 若本人未履行与贵行签订的借款合同中的义务,在贵行需要处置抵押房屋时,本人承诺确保抵押房屋的权利人积极配合贵行的处置行为,并按贵行要求及时交付抵押房屋和有关权利证书;若抵押房屋为本人所有时,本人愿意接受司法机关的强制执行,并无条件自找住房或接受其他方式的安置。
7. 本人同意银行将本人信用信息提供给中国人民银行个人信用信息基础数据库及信贷征信主管部门批准建立的其他个人信用数据库。并同意银行向上述个人信用数据库或有关单位、部门及个人查询本人的信用状况,查询获得的信用报告限用于中国人民银行颁布的《个人信用信息基础数据库管理暂行办法》规定用途范围内。

申请人签字:

年　　月　　日

共同申请人签字:

年　　月　　日

表单 2-2-12 收入证明 YHT-107

班级:＿＿＿＿＿＿＿

姓名:＿＿＿＿＿＿＿

学号:＿＿＿＿＿＿＿

模拟银行第一支行个人消费信贷收入证明书

兹证明＿＿＿＿＿＿,身份证件类型＿＿＿＿＿＿,身份证件号码＿＿＿＿＿＿,系我单位＿＿＿＿＿＿员工[正式编制、派遣制、临时、其他(请注明)],并且该员工:

1.现在我单位＿＿＿＿＿＿部门任职,职务为＿＿＿＿＿＿,职称为＿＿＿＿＿＿。

2.已与我单位签订＿＿＿＿年劳动合同,期限至＿＿＿＿年＿＿月止。

3.税后月均收入人民币＿＿＿＿元。

人事劳资部门联系人:＿＿＿＿＿＿＿＿

人事劳资部门联系电话:＿＿＿＿＿＿＿＿

我单位保证上述填写的内容是真实、无误的。

单位公章或人事劳资部门章

年　　　月　　　日

表单 2-2-13 房屋产权证 YHT-108

班级：＿＿＿＿＿＿＿

姓名：＿＿＿＿＿＿＿

学号：＿＿＿＿＿＿＿

中华人民共和国
房屋所有权证

房权证		字		号	
房屋所有权人					
身 份 证 号					
房 屋 坐 落					
登 记 时 间					
房 屋 性 质					
规 划 用 途					
房屋状况	房屋结构	套内建筑面积	建筑面积	其他	

中华人民共和国
房屋所有权证

房权证		字		号	
房屋所有权人					
身 份 证 号					
房 屋 坐 落					
登 记 时 间					
房 屋 性 质					
规 划 用 途					
房屋状况	房屋结构	套内建筑面积	建筑面积	其他	

注：房屋性质请选择填写商品房、房改房、经济适用房、廉租房；规划用途请选择填写住宅、商业。

表单 2-2-14 房地产买卖合同 YHT-109

班级：＿＿＿＿＿＿＿

姓名：＿＿＿＿＿＿＿

学号：＿＿＿＿＿＿＿

浙江财经大学东方学院　　　　　　　　　　《金融仿真综合实训》

房地产买卖合同

合同双方当事人：

出卖人：＿＿＿＿＿＿＿＿＿＿＿＿＿＿＿＿＿＿＿＿＿＿＿＿＿＿＿＿＿

注册地址：＿＿＿＿＿＿＿＿＿＿＿＿＿＿＿＿＿＿＿＿＿＿＿＿＿＿＿＿

法定代表人：＿＿＿＿＿＿＿＿＿＿＿＿＿　**联系电话：**＿＿＿＿＿＿＿＿

营业执照注册号：＿＿＿＿＿＿＿＿＿＿＿＿＿＿＿＿＿＿＿＿＿＿＿＿

企业资质证书号：＿＿＿＿＿＿＿＿＿＿＿＿＿＿＿＿＿＿＿＿＿＿＿＿

受买人：＿＿＿＿＿＿＿＿＿＿＿＿＿＿＿＿＿＿＿＿＿＿＿＿＿＿＿＿＿

姓名：＿＿＿＿＿＿＿＿＿　**国籍：**＿＿＿＿＿＿＿＿

身份证种类：＿＿＿＿＿＿＿＿＿　**号码：**＿＿＿＿＿＿＿＿＿＿

地址：＿＿＿＿＿＿＿＿＿＿＿＿＿＿＿＿＿　**联系电话：**＿＿＿＿＿＿＿

　　根据《中华人民共和国法》《中华人民共和国城市房地产管理法》及其他有关法律、法规之规定，受买人和出卖人在平等、自愿、协商一致的基础上就买卖商品房达成如下协议：

第一条　项目建设依据

……

第五条　所购房屋的基本情况

房屋购买地址：＿＿＿＿＿＿＿＿＿＿＿＿　户型：＿＿＿＿＿＿＿＿

均价：＿＿＿＿＿＿＿＿＿＿＿＿＿＿＿＿　总价：＿＿＿＿＿＿＿＿

……

我已阅读以上条款并遵守相关规定。

出卖人（签章）：＿＿＿＿＿＿　　受买人（签章）：＿＿＿＿＿＿

【法定代表人】：＿＿＿＿＿＿　　【法定代表人】：＿＿＿＿＿＿

＿＿＿＿年＿＿月＿＿日　　　　　＿＿＿＿年＿＿月＿＿日

签于＿＿＿＿＿＿＿＿＿＿　　　　签于＿＿＿＿＿＿＿＿＿＿

浙江财经大学东方学院 百富勤大金融综合实训中组　　　　网址：www.zufedfc.edu.cn　编号：YHT-109

表单 2-2-15 模拟银行第一支行个人汽车贷款申请书 YHT-110

班级：＿＿＿＿＿＿

姓名：＿＿＿＿＿＿

学号：＿＿＿＿＿＿

模拟银行第一支行个人汽车贷款申请书

贷款银行：		客户经理：		
申请人情况：				
姓　　名： 证件名称:□身份证　□护照　□其他: 证件号码：		贴借款人照片		
性　别：□男　□女		出生日期：　　　年　月　日		
文化程度:□硕士　□本科　□大专　□中专　□高中　□初中　□小学　□其他				
婚姻状况:□未婚　□已婚　□丧偶　□离婚				
家庭联系电话：		单位电话：		
移动电话/呼机：		电子邮箱：		
家庭现住址：		家庭邮政编码：		
户口所在地派出所：		是否非农业户口：　　　□是　□否		
工作单位：				
所属行业:□金融保险　□政府机关　□文教卫生　□商业　□邮电　□交通运输　□旅游 □房地产　□电子　□其他				
单位职务：		单位地址：		
三年内工作变更次数:□一次以下　□两次　□三次以上				
借款人月收入：	家庭月收入：		供养人口：	
配偶姓名：		配偶证件名称:□身份证　□护照　□其他:		
配偶证件号码：		配偶工作单位：		
配偶工作单位地址：		配偶单位职务：		
配偶单位电话：		配偶移动电话/呼机：		
拟购车辆及申请借款情况：				
拟购车辆品牌：	型号：　颜色：	进口车　□是　□否	货车　□是　□否	
购车总金额：	首付款金额：		申请贷款金额：	
贷款期限：　　年	还款方式:□按季　□按月		每期应偿还借款本金： 　　　　　　元	
首付款比例：　　%		每期还款额占家庭收入比例：　　%		

售车单位名称：	特约经销商　□是　□否	售车单位电话：
购车合同编号：	购车用途:□自用　□货物运输　□长短途客运　□出租车营运　□其他	
代扣储蓄卡卡号：		
借款人申明：		
以上信息完全属实,无论银行是否贷款,银行都将保留此贷款申请书,本人同意,银行可以审查本人及家属的收入、财产状况及从业经历。 　　　　　　　　　　　　　　　　　　　　申请人签字： 　　　　　　　　　　　　　　　　　　　　　年　　月　　日		
借款人配偶申明：		
本人是借款人_____的配偶,同意借款人向你行申请个人汽车贷款,本人同意用本申请书所列的抵押物(质押权利凭证)抵押(质押)给贵行作为借款的担保。 　　　　　　　　　　　　　　　　　　借款人配偶签字： 　　　　　　　　　　　　　　　　　　　年　　月　　日		

担保信息

提供担保方式:(请选择后填写)	
□抵押　抵押物名称：　　　评估价值：　元　　抵押率：　%	
□质押　质押权利凭证名称：　　评估价值：　元　　质押率：　%	
□保证　保证人1名称：　　　　保证人2名称：	
□抵(质)押加保证　抵(质)押物名称：　　评估价值：　元　抵(质)押　% 保证人1名称：　　　　保证人2名称：	
法人担保：	
担保人1：	单位名称：
营业执照编号：	贷款证号：
法定代表人：	法定代表人电话：
授权代理人：	授权代理人电话：
财务主管：	财务主管电话：
法人代码：	主营业务：
基本开户行账号：	单位地址：
单位邮政编码：	注册资金：
担保人组织类别:□有限责任公司　□国有独资　□股份制企业　□合伙企业　□其他	
所属行业:□金融保险　□政府机关　□文教卫生　□商业　□邮电　□交通运输　□旅游 □房地产　□电子　□其他	

担保人2:	单位名称:
营业执照编号:	贷款证号:
法定代表人:	法定代表人电话:
授权代理人:	授权代理人电话:
财务主管:	财务主管电话:
法人代码:	主营业务:
基本开户行账号:	单位地址:
单位邮政编码:	注册资金:
担保人组织类别:□有限责任公司 □国有独资 □股份制企业 □合伙企业 □其他	
所属行业:□金融保险 □政府机关 □文教卫生 □商业 □邮电 □交通运输 □旅游 □房地产 □电子 □其他	
担保人1意见:(第三方保证方式) 　　本公司＿＿＿＿＿＿＿自愿为借款申请人＿＿＿＿＿向贵行申请的个人汽车贷款提供第三方连带责任保证,同意贵行就此对本公司资信情况进行必要的调查,本公司承诺,若借款人违约,我方将依照保证合同的有关约定承担相应的保证责任。 　　　　　　　　　　　　　　　　　　保证人签字(盖章) 　　　　　　　　　　　　　　　　　　　年　　月　　日	
担保人2意见:(第三方保证方式) 　　本公司＿＿＿＿＿＿＿自愿为借款申请人＿＿＿＿＿向贵行申请的个人汽车贷款提供第三方连带责任保证,同意贵行就此对本公司资信情况进行必要的调查,本公司承诺,若借款人违约,我方将依照保证合同的有关约定承担相应的保证责任。 　　　　　　　　　　　　　　　　　　保证人签字(盖章) 　　　　　　　　　　　　　　　　　　　年　　月　　日	
担保人意见:[抵(质)押方式] 　　本人(公司)＿＿＿＿＿＿＿同意将自己拥有的＿＿＿＿＿做抵(质)押给贵行,为借款人＿＿＿＿＿向贵行申请个人汽车贷款承担担保责任,并保证所提供的＿＿＿＿＿不存在所有权争议。 　　　　　　　　　　　　　　　　　　抵(质)押人签字(盖章) 　　　　　　　　　　　　　　　　　　　年　　月　　日	
自然人担保:	
担保人1	姓　名:
证件名称:□身份证 □护照 □其他:	证件号码:
性　别: □男 □女	出生日期:　　年　　月　　日
文化程度:□硕士 □本科 □大专 □中专 □高中 □初中 □小学 □其他	

婚姻状况:□未婚 □已婚 □丧偶 □离婚	
家庭联系电话:	单位电话:
移动电话/呼机:	电子邮箱:
家庭现住址:	家庭邮政编码:
户口所在地派出所:	是否非农业户口: □是 □否
工作单位:	
所属行业:□金融保险 □政府机关 □文教卫生 □商业 □邮电 □交通运输 □旅游 □房地产 □电子 □其他	
单位职务:	单位地址:
三年内工作变更次数:□一次以下 □两次 □三次以上	
借款人月收入:	家庭月收入:	供养人口:
担保人2	姓 名:
证件名称:□身份证 □护照 □其他:	证件号码:
性 别: □男 □女	出生日期: 年 月 日
文化程度:□硕士 □本科 □大专 □中专 □高中 □初中 □小学 □其他	
婚姻状况:□未婚 □已婚 □丧偶 □离婚	
家庭联系电话:	单位电话:
移动电话/呼机:	电子邮箱:
家庭现住址:	家庭邮政编码:
户口所在地派出所:	是否非农业户口: □是 □否
工作单位:	
所属行业:□金融保险 □政府机关 □文教卫生 □商业 □邮电 □交通运输 □旅游 □房地产 □电子 □其他	
单位职务:	单位地址:
三年内工作变更次数:□一次以下 □两次 □三次以上	
借款人月收入:	家庭月收入:	供养人口:

担保人1意见:(第三方保证方式)

　　本人_____自愿为借款申请人_____向贵行申请的个人汽车贷款提供第三方连带责任保证,同意贵行就此对本人资信情况进行必要的调查,本人承诺,若借款人违约,我方将依照保证合同的有关约定承担相应的保证责任。

保证人签字(盖章)
年 月 日

担保人2意见:(第三方保证方式)

本人_____自愿为借款申请人_____向贵行申请的个人汽车贷款提供第三方连带责任保证,同意贵行就此对本人资信情况进行必要的调查,本人承诺,若借款人违约,我方将依照保证合同的有关约定承担相应的保证责任。

保证人签字(盖章)
年　月　日

申请受理状态: □审批已通过 □审批未通过　　　　　　经办人:

注:1.售车单位指从事汽车买卖的经销商。

2.提交相关证明文件:贷款申请审批表;本人有效身份证件原件及复印件;配偶的有效身份证原件及复印件以及同意抵押的书面证明;居住地址证明(户口簿或近3个月的房租、水费、电费、煤气费等收据);职业和收入证明(工作证件原件及复印件;银行代发工资存折等);有效联系方式及联系电话;提供不低于规定比例的首付款;贷款担保证明资料;贷款银行的个人结算账户凭证;贷款银行规定的其他资料。

3.提供相关担保:贷款担保可采用权利质押担保、抵押担保或第三方保证三种方式。采用质押担保方式的,质押物范围包括借款人或第三人由银行签发的储蓄存单(折)、凭证式国债、记名式金融债券,银行间签有质押止付担保协议的本地商业银行签发的储蓄存单(折)等。采用房产抵押担保的,抵押的房产应为借款人本人或其直系亲属名下的自有产权且未做其他质押的住房,并办理全额财产保险。采用第三方保证方式的,应提供保证人同意担保的书面文件,保证人身份证件原件及复印件、有关资信证明材料等。

表单 2-2-16 收入证明 YHT-107

班级：＿＿＿＿＿＿

姓名：＿＿＿＿＿＿

学号：＿＿＿＿＿＿

模拟银行第一支行个人消费信贷收入证明书

兹证明＿＿＿＿＿＿，身份证件类型＿＿＿＿＿＿，身份证件号码＿＿＿＿＿＿＿＿，系我单位＿＿＿＿＿＿员工［正式编制、派遣制、临时、其他（请注明）］，并且该员工：

1.现在我单位＿＿＿＿＿＿＿＿＿＿＿＿部门任职，职务为＿＿＿＿＿＿＿＿，职称为＿＿＿＿＿＿＿＿。

2.已与我单位签订＿＿＿＿＿＿年劳动合同，期限至＿＿＿＿年＿＿月止。

3.税后月均收入人民币＿＿＿＿＿元。

人事劳资部门联系人：＿＿＿＿＿＿＿＿＿

人事劳资部门联系电话：＿＿＿＿＿＿＿＿＿

我单位保证上述填写的内容是真实、无误的。

单位公章或人事劳资部门章

年　　　月　　　日

表单 2-2-17 模拟银行第一支行信用卡申请表 YHT-111

班级：＿＿＿＿＿＿＿

姓名：＿＿＿＿＿＿＿

学号：＿＿＿＿＿＿＿

浙江财经大学东方学院　　　　　　　　　　　　　《金融仿真综合实训》

模拟银行第一支行信用卡申请表

您的个人资料（必须填写）

中文姓名：＿＿＿＿＿＿＿　姓名拼音字母（大写，姓与名用空格分开）：＿＿＿＿＿＿＿

出生日期：＿＿＿＿＿＿＿　性别：＿＿＿　婚姻状况：＿＿＿　供养人数：＿＿ 人

身份证号码：＿＿＿＿＿＿＿＿＿＿　籍贯：＿＿＿＿＿　教育程度：＿＿＿＿

母亲姓氏：＿＿＿＿＿　邮政编码：＿＿＿＿＿　邮箱：＿＿＿＿＿＿＿＿＿

联系电话：区号＿＿＿＿＿　电话＿＿＿＿＿　手机：＿＿＿＿＿＿＿

本人名下住房性质（　　）：购买价格：　　万元　月供：　　元

A.商品房有按揭　　　　B.商品房无按揭　　　C.已购公房　　　D.自建私房

本人名下购车：

车辆品牌：　　　　　　购买价格：　　万元　月供：　　元

现住宅地址：　　　　　　　　　　　　　　　　邮编：

信用卡寄卡地址：　　　　　　　　　　　　　　邮编：

已有借记卡：＿＿＿＿＿＿＿＿＿＿＿＿＿＿＿＿

已有信用卡：＿＿＿＿＿＿＿＿＿＿＿＿＿＿＿＿

您的职业资料（公司填写）

任职部门：　　　职务：　　　职称：　　　工作年限：　　年收入：　　万

办卡地住宅地址：　　　　　　　　　　　入住年限：　　年　　月

您的联系人资料（必须填写，联系人无须负担保责任）

直系亲属姓名：＿＿＿＿＿＿　与您的关系：＿＿＿＿＿＿

单位名称：＿＿＿＿＿＿＿＿＿＿＿＿＿＿＿＿＿

固定电话：区号＿＿＿＿＿　电话＿＿＿＿＿＿＿＿

手机：＿＿＿＿＿＿＿＿＿＿＿＿＿＿＿＿

非直系亲属：（您的紧急联系人，联系人无须负担保责任）

姓名：＿＿＿＿＿＿　与您的关系：＿＿＿＿＿＿　（同事或朋友）

单位名称：＿＿＿＿＿＿＿＿＿＿＿＿＿＿＿＿

固定电话：区号＿＿＿＿＿　电话＿＿＿＿＿＿＿＿

手机：＿＿＿＿＿＿＿＿＿＿＿＿＿＿＿＿

申办信用卡总额度：＿＿＿＿＿＿＿(万元)

备注：

1.办理过信用卡并且使用到6个月以上的，请将现有信用卡的两面复印邮寄或网上提交。

2.请将本人名下房产复印件或车辆行驶证复印件连同其他相关资料邮寄或网上提交。

3.以上所有内容请大家真实填写，确保顺利下卡。切记！

签名：＿＿＿＿＿＿＿

浙江财经大学东方学院 互联网大金融综合实训中心　　　网址：www.zufedfc.edu.cn　编号：YHT-111

表单 2-2-18 收入证明 YHT-107

模拟银行第一支行个人消费信贷收入证明书

　　兹证明＿＿＿＿＿＿，身份证件类型＿＿＿＿＿＿，身份证件号码＿＿＿＿＿＿，系我单位＿＿＿＿＿＿员工［正式编制、派遣制、临时、其他（请注明）］，并且该员工：

　　1.现在我单位＿＿＿＿＿＿＿＿＿＿＿＿部门任职，职务为＿＿＿＿＿＿＿＿，职称为＿＿＿＿＿＿＿＿。

　　2.已与我单位签订＿＿＿＿＿＿年劳动合同，期限至＿＿＿年＿＿＿月止。

　　3.税后月均收入人民币＿＿＿＿＿＿＿元。

　　人事劳资部门联系人：＿＿＿＿＿＿＿＿＿＿＿

　　人事劳资部门联系电话：＿＿＿＿＿＿＿＿＿＿

我单位保证上述填写的内容是真实、无误的。

　　　　　　　　　　　　　　　　　　单位公章或人事劳资部门章

　　　　　　　　　　　　　　　　　　　　年　　　月　　　日

第三阶段实训　证券业务

项目一　账户类任务

任务一　开证券账户

一、任务简述

投资者须拥有合法、有效的证券账户才能参与证券交易活动。一般来说,投资者可以在证券营业部的经营场所内办理开立账户的相关手续,也可以通过由证券公司(营业部)提供的见证、网上及中国证监会认可的其他方式开立账户。

＊为令本实训项目参与者能身临其境体验开立账户的相关流程,本实训证券营业部仅提供现场开户服务。

二、知识准备

1.投资者须已开立至少一个有效的银行账户,以指定为第三方存管银行账户;

2.投资者须携带本人居民身份证(或其他有效身份证明文件)及已开立的银行账号前往证券营业部开立账户。

＊若需代理人代办业务,请办理相关授权手续。详情请咨询证券营业部工作人员。

三、完成任务清单(附表单)

表单 2-3-1 证券开户客户说明 ZQT-127

表单 2-3-2 证券公司客户账户开户协议 ZQT-128

表单 2-3-3 自然人开户申请表(必填)ZQT-001

任务二　开通相关交易权限

一、任务简述

由于某些证券种类风险等级较高,中国证监会出于对投资者保护的目的,规定投资者在开立账户时并非默认开通其交易此类股票的功能,而须在满足一定条件后,才能申请开通其交易权限。此类股票主要有创业板市场股票、风险警示板股票及退市整理期股票。

本任务要求投资者在清楚了解此类股票的风险特征后,根据要求开通账户的相关交易功能。

二、知识准备

1. 了解创业板股票、风险警示板股票及退市整理期股票的特点、风险及交易规则上的不同(见知识库);

2. 了解开通相关交易权限所需满足的要求;

3. 准备开通交易权限所需要的材料,前往证券营业部柜台办理开通权限的手续。

三、完成任务清单(附表单)

表单 2-3-4 创业板市场投资风险揭示书 ZQT-023

表单 2-3-5 退市整理期股票交易风险揭示书 ZQT-024

表单 2-3-6 风险警示股票交易揭示书 ZQT-025

表单 2-3-7 投资风险确认书(选填)ZQT-124

项目二　交易类任务

任务一　证券交易操作

一、任务简述

在开立证券资金账户之后,投资者可以根据所掌握的交易知识和市场信息开始自己的投资之旅。本任务要求投资者在本轮实训中,必须要有至少一笔交易记录,并以此作为是否完成本项任务的根据,且此项任务的得分与投资收益率无关。

二、知识准备

本任务要求投资者能够熟练操作系统中包括资金账户的管理、资金划转、买卖证券的相关功能。

＊投资者必须明白,证券市场中已成交的买卖是不可逆的,任何因自身的操作失误或者对交易规则的不熟悉而造成的损失必须由自己承担。

项目三 策略类任务

任务一 投资记录与分析

一、任务简述

"股市有风险,入市需谨慎。"这当然不是一句口号,而是对投资者的一种警示。对于投资者而言,投资前不仅要清楚市场的风险,对市场有理性的认识,更应该清楚自己的风险承受能力,并据此制定符合自己承受能力和投资风格的投资计划。同时,在交易之后,做好交易记录,并根据记录归纳市场规律、分析个股走势、总结交易心得,为后市的操作作出预测和规划。

该任务要求投资者根据要求填写《股票交易记录表》。

二、知识准备

1.合理配置资金,确定投资证券的资金额度;

2.搜集各方面(政治、政策、宏观经济、公司财务数据等)可能会对证券市场或相关行业及个股产生影响的信息,加以提取、分析,并据以选择相关的行业、板块、概念或个股进行关注;

3.根据《股票交易记录表》的要求,对主要交易变量、交易操作情况进行完整、详细的记录;

4.对《股票交易记录表》所记载的数据进行归纳总结,结合自身的资金配置和风险承受能力,制定合理的投资计划。

三、完成任务清单(附表单)

表单 2-3-8 股票交易记录表(必填)ZQT-129

项目四 知识类任务

任务一 题库测试

一、任务简述

为帮助投资者了解自身对证券市场及市场交易规则等基础知识的学习成果,并在今后的投资实践中更好地运用,投资者须至少完成一套证券测试题。系统将以该任务完成的最高得分纳入证券模块的总分的计算。

二、知识准备

该任务中的测试题库涵盖了证券市场及证券交易的基础知识,投资者可通过本实训系统的知识库或其他渠道对证券市场的相关知识进行学习了解。

第三阶段附录:阶段任务表单汇总

表单 2-3-1 证券开户客户说明(客户须知)ZQT-127

班级:_____
姓名:_____
学号:_____

客户须知

尊敬的客户:

当您投资金融市场的时候,请您务必了解以下事项:

一、充分知晓金融市场法规知识

当您自愿向证券公司申请开立客户账户时,应充分知晓并遵守国家有关法律法规、监管政策、业务规则及证券公司的业务制度和业务流程。如您委托他人代理开立客户账户的,代理人也应了解并遵守国家有关法律法规、监管政策、业务规则及证券公司的业务制度和业务流程。

二、审慎选择合法的证券公司及其分支机构

当您准备进行证券交易等金融投资时,请与合法的证券公司分支机构签订客户账户开户协议以及其他业务协议等,有关合法证券公司及其分支机构和证券从业人员的信息可通过中国证券业协会网站查看。

三、严格遵守账户实名制规定

当您开立客户账户时,应当出示本人/机构有效身份证明文件,使用实名,保证开户资料信息真实、准确、完整、有效,保证资金来源合法。如您的个人身份信息发生变更,您应当及时与所委托的证券公司分支机构联系进行变更。

四、严禁参与洗钱及恐怖融资活动

如您的交易涉嫌洗钱、恐怖融资,证券公司将依法履行大额交易、可疑交易报告

义务;如您先前提交的身份证明文件已过有效期,未在合理期限内更新且没有提出合理理由的,证券公司可中止为您办理业务。

五、妥善保管身份信息、账户信息、数字证书、账户密码

为确保您账户的安全性,我们特此提醒您,在申请开立客户账户时,您应自行设置相关密码,避免使用简单的字符组合或本人姓名、生日、电话号码等相关信息作为密码,并定期修改密码。您应妥善保管身份信息、账户信息、数字证书及账户密码等,不得将相关信息提供或告知他人使用(包括证券公司工作人员)。由于身份信息、账户信息、数字证书或账户密码的泄露、管理不当或使用不当造成的后果和损失,将由您自行承担。

六、选择适当的金融产品

金融市场中可供投资的产品有很多,其特点和交易规则也有很大不同,请您了解自己的风险承受能力,尽量选择相对熟悉的、与自己风险承受能力匹配的金融产品进行投资。在投资之前,请您务必详细了解该产品的特点、潜在的风险和交易规则,由于您投资决策失误而引起的损失将由您自行承担。

此外,除依法代销经国家有关部门或者其授权机构批准或备案的在境内发行并允许代销的各类金融产品外,证券公司不会授权任何机构(包括证券公司分支机构)或个人(包括证券公司工作人员)擅自销售金融产品。因此,在购买金融产品时,请您核实该产品的合法性,不要私下与证券公司工作人员签署协议或向其交付资金。

七、选择熟悉的委托方式

证券公司为您提供的委托方式有柜台、自助以及您与证券公司约定的其他合法委托方式。其中,自助方式包括网上委托、电话委托、热键委托等,具体委托方式以实际开通为准。请您尽量选择自己相对熟悉的委托方式,并建议您开通两种以上委托方式。请您详细了解各种委托方式的具体操作步骤,由于您操作不当而引起的损失将由您自行承担。对于通过互联网进行操作的方式,您应特别防范网络中断、黑客攻击、病毒感染等风险,避免造成损失。

八、审慎授权代理人

如果您授权代理人代您进行交易,我们建议您,在选择代理人以前,应对其进行充分了解,并在此基础上审慎授权。代理人在代理权限内以您的名义进行的行为即视为您本人的行为,代理人向您负责,而您将对代理人在代理权限内的代理行为承担一切责任和后果。特别提醒您不得委托证券公司工作人员(包括证券经纪人)作为您的代理人。

九、切勿全权委托投资

除依法开展的客户资产管理业务外,证券公司不会授权任何机构(包括证券公司分支机构)或个人(包括证券公司工作人员)开展委托理财业务。建议您注意保护自身合法权益,除依法开展的客户资产管理业务外,不要与任何机构或个人签订全权委托投资协议,或将账户全权委托证券公司工作人员操作,否则由此引发的一切后果将由您本人自行承担。在参与依法开展的客户资产管理业务时,请您务必详细了解客户资产管理业务的法律法规和业务规则,核实所参与的资产管理产品的合法性。

十、证券公司客户投诉电话

当您与签订协议的证券公司或其分支机构发生纠纷时,可拨打证券公司客户投诉电话进行投诉,电话号码:_____。

本人/机构已详细阅读并理解了《客户须知》的各项内容。

客　户:

(个人签字/机构盖章)

签署日期:　　　年　　　月　　　日

表单 2-3-2 证券公司客户账户开户协议 ZQT-128

班级：_____

姓名：_____

学号：_____

证券公司客户账户开户协议

甲方(投资者)：_____

乙方(证券公司分支机构)：_____

依据《中华人民共和国证券法》、《中华人民共和国合同法》、《中华人民共和国电子签名法》、《证券公司开立客户账户规范》、中国证券监督管理委员会(以下简称为"中国证监会")颁布的相关规章，以及其他有关法律、法规、规章和自律规则的规定，甲乙双方就乙方为甲方开立证券公司客户账户(以下简称"客户账户"或"账户")及其他相关事宜达成如下协议，供双方共同遵守。

第一章 双方声明和承诺

第一条 甲方向乙方作如下声明和承诺：

1.甲方具有中国法律所要求的进行金融投资的主体资格，不存在中国法律、法规、规章、自律规则等禁止或限制进行金融投资的任何情形，并保证用于进行金融投资的资金来源合法；

2.甲方已经充分了解并自愿遵守有关客户账户开立的法律、法规、规章、自律规则和乙方客户账户管理相关规章制度等规定；

3.甲方保证，其在本协议签署之时，以及存续期间内，向乙方提供的所有证件、资料和其他信息均真实、准确、完整、有效，承担因资料不实、不全或失效引致的全部责任，同意乙方对甲方信息进行合法验证和报送；

4.甲方承诺审慎评估自身投资需求和风险承受能力，自行承担其所参与金融活动的风险；

5.甲方确认，其已阅读并充分理解和接受《客户须知》和本协议所有条款，并准确理解其含义，特别是双方权利、义务和免责条款。

第二条 乙方向甲方作如下声明和承诺：

1. 乙方是依照中国有关法律法规设立且有效存续的证券经营机构，乙方的经营范围以证券监督管理机构批准的经营内容为限；

2. 乙方具有开展业务的必要条件，能够为甲方提供本协议下约定的金融服务；

3. 乙方已按规定实施客户交易结算资金第三方存管；

4. 乙方承诺遵守有关法律、法规、规章、自律规则的规定；

5. 除依法开展乙方营业范围内的客户资产管理业务外，乙方不接受甲方的任何全权交易委托，不对甲方进行的金融活动的投资收益或亏损进行任何形式的保证，不编造或传播虚假信息误导甲方，不诱使甲方进行不必要的金融市场投资或任何其他投资行为；

6. 乙方承诺遵守本协议，按本协议为甲方开立客户账户并提供相关账户服务。

第二章 双方权利和义务

第三条 甲方的权利和义务：

（一）甲方权利

1. 享有乙方承诺的各项服务的权利；

2. 有权获知有关甲方账户的功能、委托方式、操作方法、佣金及其他服务费率、利率、交易明细、资产余额等信息；

3. 有权在乙方的营业时间或与乙方约定的其他时间内，在乙方经营场所或通过乙方提供的自助方式，查询和核对其客户账户内的资金或证券的余额和变动情况；

4. 有权监督乙方的服务质量，对不符合质量要求的服务进行意见反馈或投诉；

5. 享有本协议约定的其他权利。

（二）甲方义务

1. 确保客户账户仅限甲方本人使用，不得出租或转借该客户账户。

2. 严格遵守本协议及乙方公布的所有相关服务规则、业务规定等，由于甲方未遵守本协议或乙方的服务规则和业务规定等而导致的后果、风险和损失，由甲方承担。

3. 对所提交的身份证明文件以及其他开户资料的真实性、完整性、准确性和有效性负责。甲方信息发生任何变更或有效身份证明文件失效、过期的，应及时以乙方认可的方式进行修改。如因甲方未能及时以乙方认可方式对甲方信息进行修改而导致的后果、风险和损失，由甲方承担。

4.妥善保管身份信息、账户信息、数字证书及账户密码等,不得将相关信息提供或告知他人使用。由于甲方对上述信息、数字证书或账户密码的泄露、管理不当或使用不当造成的后果、风险和损失,由甲方承担。

5.及时关注和核对客户账户中各项交易、资金记录等。如发现有他人冒用、盗用等异常或可疑情况时,应立即按照乙方的业务规定办理账户挂失或密码重置手续。在甲方办妥上述相关手续前已发生的后果、风险和损失,由甲方承担。

6.履行本协议约定的其他义务。

第四条　乙方的权利和义务:

(一)乙方权利

1.依照有关法律、法规、规章、自律规则的规定,对甲方身份和提供的信息资料的真实性、准确性、完整性、有效性进行验证和审核,决定是否为甲方开立客户账户并提供相关账户服务等;

2.根据相关法律、法规、规章、自律规则,制定账户管理相关的业务规定和流程,并要求甲方遵守和执行;

3.如甲方利用乙方提供的账户服务从事洗钱或恐怖融资活动、非真实交易或其他违法违规活动的,乙方有权停止为甲方提供账户服务;

4.享有本协议约定的其他权利。

(二)乙方义务

1.告知甲方账户管理和使用的相关规则和规定,并进行必要的风险提示。

2.依照相关法律及甲方以乙方认可的方式发出的指示,及时、准确地为甲方办理账户开立、查询、变更和注销等手续。

3.公布咨询投诉电话,对甲方的咨询和投诉及时答复和办理。

4.对甲方提供的申请资料、业务记录和其他信息予以保密,不得泄露、出售、传播及违背客户意愿使用客户信息,但根据法律法规或国家有关权力机关的要求披露上述信息的除外。由于乙方对甲方提供的上述信息、数字证书或账户密码的泄露、管理不当造成的后果和损失,由乙方承担。

5.按照有关法律、法规、规章、自律规则的规定,履行投资者教育、适当性管理、客户回访、反洗钱等有关职责和义务。

6.履行本协议约定的其他义务。

第三章　账户的开立、变更和注销

第五条　乙方可以在经营场所内为甲方现场开立账户,也可以按照相关规定,通过见证、网上及中国证监会认可的其他方式为甲方开立账户。乙方代理证券登记结算机构或法律、法规、规章认可的其他机构,为甲方开立证券账户或其他账户的,应遵循相关规定。

第六条　甲方在申请开立账户时,须出具真实有效的身份证明文件,按照乙方业务规定,如实提供和填写有关信息资料,配合乙方留存相关复印件或影印件、采集影像资料等工作。甲方委托他人代理开户时,代理人须提供真实有效的身份证明文件及授权委托文件,自然人委托他人代为办理开户的,代理人应当提供经公证的授权委托文件。

第七条　甲方在申请开立账户时,应自行设置密码并妥善保管,避免使用简单的字符组合或本人姓名、生日、电话号码等相关信息作为密码。甲方应当定期修改密码,并充分认识由于密码设置过于简单而可能导致的风险。

第八条　为保护甲方权益,甲方须配合乙方就账户开立等有关事宜对甲方进行回访,乙方应以适当方式予以留痕。如回访时出现异常,乙方有权限制账户的开通或使用。

第九条　甲方须配合乙方进行投资者教育和客户风险承受能力评估。乙方须将评估的结果告知甲方,评估方式可以采用书面或电子方式。甲方可通过书面或网上方式查询评估的结果。

第十条　甲方变更甲方信息中的重要资料时,应当及时通知乙方,并按乙方要求办理变更手续。

前款所述甲方信息中的重要资料包括但不限于:客户名称、身份证明文件类型及号码、联系地址、联系电话、职业、授权代理人及授权事项等相关信息。

第十一条　甲方申请变更客户名称、身份证明文件类型及号码等关键信息时,应当经乙方重新进行身份识别,约定按_____方式办理。

第十二条　在以下所有条件均满足时,甲方可以向乙方申请注销其客户账户:

1.账户内托管资产余额为零;

2.账户内交易的结算、交收等均已经完成;

3.账户不存在任何未解除的限制措施;

4.账户不存在任何未了结的债权债务;

5.其他法律、法规规定或双方约定的情形。

第十三条　甲方申请注销其客户账户,应按乙方业务规定,并经乙方重新进行身份识别和审核后,采取_____方式办理。乙方依照本协议的约定解除本协议并要求甲方注销客户账户时,也适用同样规则。

<h3 style="text-align:center">第四章　账户的使用和管理</h3>

第十四条　乙方为甲方开立的账户用于记录甲方所参与金融活动的相关信息,包括但不限于证券交易、金融投资等金融活动产生的清算交收、收益分配、支付结算、计付利息等。

第十五条　甲方存取资金应符合国家法律法规及中国人民银行、国家外汇管理局、中国证监会等监管机构的有关规定。

第十六条　为保护甲方权益,甲方在操作账户时,如果连续输错密码等达到乙方规定次数的,乙方有权暂停该委托方式甚至冻结账户。甲方账户的解冻事宜按照乙方业务规定处理,由此造成的损失由甲方自行承担。

第十七条　甲方委托乙方代理证券市场投资或参与其他金融投资所发出的交易指令,应符合证券市场及其他金融市场的交易规则,并应符合本协议以及甲乙双方达成的其他有关协议的约定。甲方发出的交易指令成交与否,以证券登记结算机构及其他金融市场登记结算机构发送的清算数据为准。乙方按照相关交易规则和结算规则代理甲方进行清算交收。

第十八条　甲方通过其账户下达的交易指令及下达指令的方式应当符合法律法规、证券市场及其他金融市场交易规则的规定。如甲方的交易指令违反法律法规、证券市场及其他金融市场交易规则等规定,乙方有权按照证券交易所及其他金融监管机构或自律性组织的要求对甲方账户采取限制措施,包括但不限于时间限制、数量限制、金额限制、品种限制等,由此造成的后果由甲方自行承担。

第十九条　乙方按照有关法律、法规、规章、自律规则以及证券交易所、证券登记结算机构及其他金融市场交易和登记结算规则进行清算交收,并收取甲方各项交易费用、佣金、服务手续费、代扣代缴税费等。

乙方有权依法制定上述佣金及其他服务费用的收取标准,并可根据市场状况调整上述收取标准,但乙方应按照相关法律法规要求,事先履行有关备案及公告程序,告知甲方。

第二十条　乙方按照中国人民银行、中国证监会的有关规定对甲方账户计付利息。

第二十一条 甲方应当妥善保管身份信息、账户信息、数字证书和账户密码。甲方使用数字证书或密码进行的操作视为本人操作。甲方通过使用数字证书和密码办理的文件签署、信息变更等行为和转账、交易等所产生的电子信息记录,视为上述各项行为或交易的合法有效凭证。

第二十二条 当甲方遗失账户资料、数字证书或账户密码,或发现有他人冒用、盗用等异常或可疑情况时,甲方应及时向乙方或数字证书签发机构办理挂失或密码重置,在挂失或密码重置生效前已经发生的交易或损失由甲方自行承担。如因乙方未及时办理,造成甲方损失加重的,乙方应对损失加重的部分做出赔偿。

第二十三条 甲方可以依照法律法规及乙方业务规定,授权代理人为其办理相关业务及下达交易指令等,并可以乙方认可的方式撤销上述授权。甲方授权代理人在授权期限及范围内办理的相关业务和下达的交易指令,视同甲方本人所为。

甲方不得以任何方式全权委托乙方工作人员代理其决定证券买卖、选择证券种类、决定买卖数量或者买卖价格。

第二十四条 有下列情形之一的,乙方可要求甲方限期纠正,甲方不能按期纠正或拒不纠正的,乙方可视情形对甲方账户采取相应措施。由此造成的损失,由甲方自行承担。

1.有充分证据证明甲方以前开立的账户有假名情况,应立即要求甲方重新开立真实身份的账户,如甲方拒绝,乙方应采取停用账户的措施。

2.甲方先前提交的身份证件或者身份证明文件已过有效期的,乙方应当要求甲方进行更新。甲方没有在合理期限内更新且没有提出合理理由的,乙方认为必要时,应限制甲方交易活动(包括但不限于注销客户账户、限制账户交易或取款等)。

3.如乙方发现甲方的资金来源不合法或违反反洗钱相关规定的,乙方应当依法协助、配合司法机关和行政执法机关打击洗钱活动,依照法律法规的规定协助司法机关、海关、税务等部门查询、冻结和扣划客户存款。

4.甲方存在被监管部门、证券交易所认定的异常交易行为或其他影响正常交易秩序的异常交易行为,乙方将按照证券交易所要求对甲方采取相应措施。

5.法律、法规规定的乙方可对甲方采取相应措施的其他情形。

第五章 免责条款和争议的解决

第二十五条 因地震、台风、水灾、火灾、战争、瘟疫、社会动乱及其他不可抗力因素导致的甲方损失,乙方不承担任何赔偿责任。

第二十六条　因乙方不可预测或无法控制的系统故障、设备故障、通信故障、电力故障等突发事故及其他非乙方人为因素,以及监管部门和自律组织等规定的其他免责情形,给甲方造成的损失,乙方如无过错则不承担任何赔偿责任。

第二十七条　第二十五、二十六条所述事件发生后,乙方应当及时采取措施防止甲方损失可能进一步扩大。

第二十八条　如出现涉及甲方财产继承或财产归属的事宜或纠纷,乙方将按公证机关出具的公证文件或司法机关出具的生效裁判文书办理。

第二十九条　本协议未尽事宜,按照法律、法规、规章、自律规则的规定协商解决。

第三十条　本协议执行中发生的争议,甲乙双方可以自行协商解决或向中国证券业协会证券纠纷调解中心申请调解,若协商或调解不成,双方同意按以下第＿＿＿＿＿＿种方式解决(如甲方不作选择,即默认为选择 2):

1. 提交＿＿＿＿＿＿仲裁委员会仲裁;

2. 向乙方所在地法院提起诉讼。

第六章　协议的生效、变更和终止

第三十一条　本协议可采用电子方式或纸质方式签署。

采用电子方式签署本协议的,甲方以电子签名方式签署本协议后本协议即告生效,甲方电子签名与在纸质合同上手写签名或盖章具有同等法律效力,无须另行签署纸质协议。

采用纸质方式签署本协议的,本协议自双方签字盖章之日起生效。本协议一式两份,甲乙双方各执一份,每份具有同等的法律效力。

第三十二条　本协议签署后,若有关法律、法规、规章、自律规则、证券登记结算机构业务规则以及证券交易所交易规则修订,本协议相关条款与其中强制性规定发生冲突的,按新修订的法律、法规、规章、自律规则、业务规则及交易规则办理,但本协议其他内容及条款继续有效。

第三十三条　本协议签署后,若前款所述法律、法规、规章、自律规则、证券登记结算机构业务规则以及证券交易所交易规则发生修订,本协议相关条款与其中规定存在差异,乙方认为应据此修改或变更本协议的,有关内容将由乙方在其经营场所或网站以公告方式通知甲方,若甲方在七个交易日内不提出异议,则公告内容生效,并成为本协议的组成部分,对甲乙双方均具有法律拘束力。

第三十四条 乙方提出解除本协议的,应以向甲方发送通知(以下称为"解除通知")的方式告知甲方,并在该解除通知中说明理由。如乙方是依照本协议第二十四条的约定解除本协议,则在乙方发出解除通知之时,本协议即解除。解除通知的方式适用本协议第三十七条的约定。甲方在收到乙方的解除通知后应按照第十三条所约定的账户注销方式办理销户手续。在甲方收到乙方解除协议通知至甲方销户手续期间,乙方不再接受甲方除卖出持有证券及其他金融产品外的其他委托指令。

第三十五条 如甲方提出解除本协议的,应依照本协议第十二条、十三条约定的条件和程序,办理账户注销手续。在甲方办理完账户注销手续后,本协议即告终止。甲方的销户申请应以双方事前约定或乙方认可的方式提出。在甲方提出销户申请时起,乙方不再接受甲方除卖出持有证券及其他金融产品以外的其他委托指令。

第三十六条 如遇国家法律、法规、监管规定调整,导致乙方在本协议下为甲方提供的金融服务无法正常开展的,本协议将自国家相关法律、法规、监管规定生效之日起自动终止,在此情况下,乙方无须对甲方承担违约责任。

第七章 附 则

第三十七条 本协议所指乙方的通知方式除上述条款中已有约定外,可以是书面通知、电话通知、短信通知、邮件通知或公告通知等。

邮寄的书面通知自送达甲方联系地址时生效,因甲方自己提供的联系地址不准确、送达地址变更未及时告知乙方、甲方或者其指定的代理人拒绝签收,导致书面通知未能被甲方实际接收的,书面通知退回之日视为送达之日;电话通知、短信通知和邮件通知即时生效;公告通知在乙方公告(公告内容由乙方在其营业场所及网站或至少一种中国证监会指定的信息披露报刊上发布)之日起七个交易日内甲方没有提出异议的,即行生效。

第三十八条 本协议所涉及名词、术语的解释,以法律法规的规定为准;法律法规没有解释的,适用中国证监会、证券交易所、证券登记结算机构和中国证券业协会等规范性文件、业务规则及行业惯例。

甲方(个人签字/机构盖章):　　　　　　　乙方(签章):

机构经办人(签字):　　　　　　　　　　乙方经办人(签章):

签署日期:　　年　　月　　日　　　　签署日期:　　年　　月　　日

表单 2-3-3 自然人开户申请表(必填)ZQT-001

班级：＿＿＿＿＿＿＿

姓名：＿＿＿＿＿＿＿

学号：＿＿＿＿＿＿＿

浙江财经大学东方学院　　　　　　　　　　《金融仿真综合实训》

自然人开户申请表

投资者名称		移动电话			
身份证号					
银行账号					
Email地址			邮政编码		
申请开立账户类型	□上海 A股股票账户 □深圳 A股股票账户		□新开　□已有 □新开　□已有		
	□上海封闭基金、ETF、国债户 □深圳封闭基金、ETF、国债户		□新开　□已有 □新开　□已有		
	□开放式基金账户 □开通开放式基金自动开户协议设置 □上海 B股股票账户（美元） □深圳 B股股票账户（港币）		□新开　□已有 □新开　□已有 □新开　□已有		
	□融资融券账户				
	□其他				
学历	□博士　□硕士　□学士　□大专　□中专　□高中　□初中及以下				
职业	□文教科卫专业人员　□党政机关工作人员　□企事业单位干部 □行政企事业单位工人 □农民　□个体工商户　□无业　□军人　□学生　□证券从业人员				
行业	□农、林、牧、渔业　□采矿业　□制造业　□电力、燃气及水的生产和供应业　□建筑业 □科学研究、技术服务和地质勘查业　□交通运输、仓储和邮政业　□批发和零售业 □金融业　□房地产业　□租赁和商务服务业　□卫生、社会保障和社会福利业 □文化、体育和娱乐业　□国家机关、政党机关和社会团体 □信息传输、计算机服务和软件业　□住宿和餐饮业　□水利、环境和公共设施管理业 □居民服务和其他服务业　□教育　□国际组织□公共管理与社会组织				
交易方式	□柜台系统　□电话委托　□刷卡委托　□热键委托 □手机委托　□网站委托　□网上交易　□其他				
指定三方存管银行	银行名称：				
本人承诺以上填写内容真实准确。					
申请人签章：			申请日期：　　　年　　月　　日		
经办人：					

网址：www.zufedfc.edu.cn　编号：ZQT-001

表单 2-3-4 创业板市场投资风险揭示书 ZQT-023

班级：_____

姓名：_____

学号：_____

创业板市场投资风险揭示书

尊敬的投资者：

　　与主板市场相比，创业板市场有其特有的风险，为了使您更好地了解创业板市场投资的基本知识和相关风险，根据有关法律、法规、规章和规则的规定，本公司特向您进行如下风险揭示，请认真阅读并签署。

一、重要提示

　　（一）创业板市场发行、上市等业务规则与现有的主板、中小企业板市场的相关业务规则存在一定差别。在参与创业板市场投资之前，请您务必认真阅读《首次公开发行股票并在创业板上市管理暂行办法》《深圳证券交易所创业板股票上市规则》《深圳证券交易所创业板公司规范运作指引》等有关规章、业务规则和指引。

　　（二）创业板市场上市公司与现有的主板市场上市公司相比较，一般具有成长性强、业务模式新，但规模较小、经营业绩不够稳定等特点。在参与创业板市场投资之前，请您务必仔细研读相关公司的《招股说明书》、《上市公告书》、定期报告及其他各种公告，了解公司基本情况，做到理性投资，切忌盲目跟风。

　　（三）为确保市场的"公开、公平、公正"和稳定健康发展，创业板市场将采取更加严格的措施，强化市场监管。请您务必密切关注有关创业板市场上市公司的公告、风险提示等信息，及时了解市场风险状况，依法合规从事创业板市场投资。

　　（四）您在申请开通创业板市场交易时，请配合本公司开展的投资者适当性管理工作，完整、如实提供所需信息。如不能做到这一点，本公司可以拒绝为您提供开通创业板市场交易服务。

　　（五）本风险揭示书无法详尽列示创业板市场的全部投资风险。您在参与此项业务前，请务必对此有清醒认识。

二、创业板市场投资特别风险揭示

参与创业板市场投资,除具有与主板市场投资同样的风险外(详见《证券交易委托代理协议指引》之风险提示书),还请您了解以下内容并特别关注五大类风险(请认真阅读并逐项确认)。

确认请打√	风险类型	风险描述
□	规则差异可能带来的风险	我国创业板市场与现有主板市场在制度和规则等方面有一定的差异,如认知不到位,可能给投资者造成投资风险。包括但不限于: 一、创业板市场股票首次公开发行并上市的条件与主板市场存在较大差异。创业板市场股票发行人的基本条件是: (一)依法设立且持续经营三年以上的股份有限公司; (二)最近两年连续盈利,最近两年净利润累计不少于一千万元,且持续增长;或者最近一年盈利,且净利润不少于五百万元,最近一年营业收入不少于五千万元,最近两年营业收入增长率均不低于30%; (三)最近一期末净资产不少于两千万元,且不存在未弥补亏损; (四)发行后股本总额不少于三千万元。 二、创业板市场信息披露规则与主板市场存在较大差异。例如,临时报告仅要求在证监会指定网站和公司网站上披露。如果投资者继续沿用主板市场信息查询渠道的做法,可能无法及时了解到公司所披露信息的内容,进而无法知悉公司正在发生或可能发生的变动。 三、创业板市场上市公司退市制度较主板市场更为严格。 四、其他发行、上市、交易、信息披露等方面的规则差异。
□	退市风险	创业板市场上市公司退市制度设计较主板市场更为严格,主要区别有: 一、创业板市场上市公司终止上市后可直接退市,不再像主板市场上市公司一样,要求必须进入代办股份转让系统; 二、针对创业板市场上市公司的风险特征,构建了多元化的退市标准体系,增加了三种退市情形; 三、为提高市场运作效率,避免无意义的长时间停牌,创业板市场将对三种退市情形启动快速退市程序,缩短退市时间。 因此,与主板市场相比,可能导致创业板市场上市公司退市的情形更多,退市速度可能更快,退市以后可能面临股票无法交易的情况,购买该公司股票的投资者将可能面临本金全部损失的风险。
□	公司经营风险	与主板市场上市公司相比,创业板市场上市公司一般处于发展初期,经营历史较短,规模较小,经营稳定性相对较低,抵抗市场风险和行业风险的能力相对较弱。此外,创业板市场上市公司发展潜力虽然可能巨大,但新技术的先进性与可靠性、新模式的适用面与成熟度、新行业的市场容量与成长空间等都具有较大不确定性,投资者对创业板市场上市公司高成长的预期并不一定会实现,风险较主板市场大。

续　表

确认 请打✓	风险类型	风险描述
☐	股价大幅波动风险	以下原因可能导致创业板市场上市公司股价发生大幅波动： 一、公司经营历史较短，规模较小，抵抗市场风险和行业风险的能力相对较弱，股价可能会由于公司业绩的变动而大幅波动； 二、公司流通股本较少，盲目炒作会加大股价波动，也相对容易被操纵； 三、公司业绩可能不稳定，传统的估值判断方法可能不尽适用，投资者的价值判断可能存在较大差异。
☐	技术失败风险	创业板市场上市公司高科技转化为现实的产品或劳务具有不确定性，相关产品和技术更新换代较快，存在出现技术失败而造成损失的风险。

上述风险揭示事项仅为列举性质，未能详尽列明创业板市场的所有风险因素，您在参与创业板市场投资前，还应认真阅读相关公司的招股说明书和上市公告书等，对其他可能存在的风险因素也应有所了解和掌握。我们诚挚地希望和建议您，从风险承担能力等自身实际情况出发，审慎参与创业板市场投资，合理配置金融资产。

表单 2-3-5 退市整理期股票交易风险揭示书 ZQT-024

班级：＿＿＿＿＿

姓名：＿＿＿＿＿

学号：＿＿＿＿＿

拟终止上市公司股票退市整理期交易风险揭示书

尊敬的投资者：

为使投资者充分了解退市整理期股票的交易风险，根据有关证券交易法律、法规、规章、规则，本公司特向您进行如下风险揭示，敬请您充分了解、认真阅读并签署，慎重决定是否进行退市整理期股票的交易。

一、重要提示

（一）投资者在参与退市整理期股票交易投资之前，请您务必认真阅读《深圳证券交易所创业板股票上市规则》、《深圳证券交易所股票上市规则》、《深圳证券交易所交易规则》、《上海证券交易所股票上市规则》以及其他行政规章、规范性文件、业务规则和指引，充分了解退市整理期股票交易的交易规则。

（二）投资者在参与退市整理期股票交易投资之前，请您务必仔细研读相关公司的《招股说明书》、《上市公告书》、定期报告及其他各种公告，了解公司基本情况，做到理性投资，切忌盲目跟风。

（三）为确保市场的"公开、公平、公正"和稳定健康发展，拟终止上市公司股票退市整理期交易市场将采取更加严格的措施，强化市场监管。请您务必密切关注有关上市公司的公告、风险提示等信息，及时了解市场风险状况，依法合规从事参与退市整理期股票交易市场投资。

（四）投资者在申请开通参与退市整理期股票交易投资时，请配合本公司开展的投资者适当性管理工作，完整、如实提供所需信息，确保客户账户资料信息规范。如不能做到这一点，本公司可以拒绝为您提供开通参与退市整理期股票市场交易服务。

（五）本交易风险揭示书无法详尽列示参与退市整理期股票交易市场的全部投资风险。您在参与此项业务前，请务必对此有清醒认识。

二、退市整理期股票交易风险

参与退市整理期股票交易投资,请投资者认真阅读了解以下内容并特别关注以下风险:

(一)退市整理期拟终止上市公司股票已被证券交易所作出终止上市决定,在一定期限届满后将被终止上市,风险相对较大。

(二)拟终止上市公司股票退市整理期的交易期限累计仅为三十个交易日,期限届满,上市公司股票将被终止上市。投资者应当密切关注退市整理期股票的剩余交易日和最后交易日,否则有可能错失卖出机会,造成不必要的损失。

(三)退市整理期间,主板、中小板上市公司股票的全天停牌不计入三十个交易日的期限内。

(四)拟终止上市公司股票退市整理期的交易可能存在流动性风险,投资者买入后可能因无法在股票终止上市前及时卖出所持股票而导致损失。

(五)投资者在参与拟终止上市公司股票退市整理期交易前,应充分了解退市制度、退市整理期股票交易规则和进入退市整理期上市公司的基本面情况,并根据自身财务状况、实际需求及风险承受能力等,审慎考虑是否买入退市整理期股票。

(六)按照现行有关规定,虽然主板、中小板上市公司股票被终止上市后可以向证券交易所申请重新上市,但须达到交易所重新上市条件,能否重新上市存在较大的不确定性。

(七)投资者应当特别关注拟终止上市公司退市整理期期间发布的风险提示性公告,及时从指定信息披露媒体、上市公司网站以及证券公司网站等渠道获取相关信息。

(八)投资者应当遵守"买卖自负"的原则,不得以不符合投资者适当性标准为由拒绝承担交易履约责任。

(九)因技术风险、电力故障等都可能对交易造成不利影响的其他风险。

声明:本《拟终止上市公司股票退市整理期交易风险揭示书》的提示事项仅为列举性质,未能详尽列明拟终止上市公司股票退市整理期交易的所有风险。投资者在参与退市整理期股票交易前,应认真阅读相关公司上市说明书以及交易所相关业务规则,并做好风险评估与财务安排,确定自身有足够的风险承受能力,避免因参与退市整理期股票交易而遭受难以承受的损失。客户确认已知晓并理解以上《拟终止上市公司股票退市整理期交易风险揭示书》的全部内容,并愿意承担拟终止上市公司股票退市整理期交易的任何风险和损失。

　　甲方(签字):＿＿＿＿＿＿＿＿(投资者)　　乙方(盖章):＿＿＿＿＿＿＿＿(营业部)

　　资金账号:＿＿＿＿＿＿＿＿

　　机构公章:

　　机构代理人(签字):＿＿＿＿＿＿＿　　　　经办人:　　　　复核人:

　　签署日期:　　年　　月　　日　　　　　签署日期:　　年　　月　　日

表单 2-3-6 风险警示股票交易揭示书 ZQT-025

班级：＿＿＿＿＿＿＿＿

姓名：＿＿＿＿＿＿＿＿

学号：＿＿＿＿＿＿＿＿

风险警示股票交易风险揭示书（上海市场）

尊敬的投资者：

为了维护您自身的利益，在您准备交易风险警示股票之前，请您仔细阅读《风险警示股票交易风险揭示书》（以下简称《风险揭示书》），知晓相关风险和责任，充分考虑自身风险承受能力后，独立做出是否签署本风险揭示书的决定。

一、客户在参与风险警示股票交易前，应充分了解客户买卖风险警示股票应当采用限价委托的方式。

二、客户在参与风险警示股票交易前，应充分了解风险警示股票价格的涨跌幅限制与其他股票的涨跌幅限制不同。

三、风险警示股票盘中换手率达到或超过一定比例的，属于异常波动，交易所可以根据市场需要，对其实施盘中临时停牌。

四、投资者当日通过竞价交易和大宗交易累计买入的单只风险警示股票，数量不得超过 50 万股。投资者当日累计买入风险警示股票数量，按照该投资者以本人名义开立的证券账户与融资融券信用证券账户的买入量合并计算；投资者委托买入数量与当日已买入数量及已申报买入但尚未成交、也未撤销的数量之和，不得超过 50 万股。

五、客户在参与风险警示股票交易前，应充分了解风险警示股票交易规定和相关上市公司的基本面情况，并根据自身财务状况、实际需求及风险承受能力等，审慎考虑是否买入风险警示股票。

六、客户应当特别关注上市公司发布的风险提示性公告，及时从指定信息披露媒体、上市公司网站以及证券公司网站等渠道获取相关信息。

七、我公司提供给您买入风险警示股票的委托方式有：网上交易客户端（不含 web 方式）、热自助、刷卡委托、电话委托、远程委托、手机（不含鑫财通、wap）、平板电脑委托。我公司也可以根据业务需求，对包括但不限于以上委托方式做调整，但不再单独签署资料协议,届时以我公司发布在营业场所的公告为准。

八、信用交易不适用于上述第七条,我公司提供给您信用交易买入风险警示股票的委托方式有:网上交易客户端(不含 web 方式)、热自助、手机(仅限于 iPhone、安卓,不含鑫财通、wap)、平板电脑(仅限于 iPad、安卓系统 pad)委托。我公司也可以根据业务需求,对包括但不限于以上委托方式做调整,但不再单独签署资料协议,届时以我公司发布在营业场所的公告为准。

本《风险揭示书》的提示事项仅为列举性质,未能详尽列明风险警示股票交易的所有风险。

您签署本《风险揭示书》,表明您确认已知晓并理解《风险揭示书》的全部内容,愿意承担风险警示股票交易的风险和损失。

客户签名(机构盖章):

客户编号/主资金账号:

证券账户:

年　　　月　　　日

表单 2-3-7 投资风险确认书(选填)ZQT-124

班级:＿＿＿＿＿＿

姓名:＿＿＿＿＿＿

学号:＿＿＿＿＿＿

投资风险确认书

本人＿＿＿＿＿＿＿＿(资金账号/信用资金账号＿＿＿＿＿＿＿＿＿＿＿＿＿＿)
确认已阅读并理解

　　□《创业板市场投资风险揭示书》

　　□《拟终止上市公司股票退市整理期风险交易风险揭示书》

　　□《风险警示股票交易风险揭示书》

　　的内容,知晓本人的风险承受能力等级。

　　本人自愿参与相关品种的投资,具有相应的风险承受能力,了解并愿意承担相关的各种风险及可能发生的损失。同时,本人已经与模拟证券公司约定通过预留的联系方式向本人发送相关通知,通知自本人预留的任何一种方式发出后,即可视为已告知本人。

投资者签名:

年　　月　　日

表单 2-3-8 股票交易记录表（必填）ZQT-129

班级：_____

姓名：_____

学号：_____

股票交易记录表

日期：　　　　　　　　　　　　　　　　　　　　　　记录：

大　盘	热点板块		仓　位	盈亏比例
	领涨：	领跌：		

操作情况								
有□　　　　无　□								
	开仓（买入）				平仓（卖出）			
代码								
名称								
价格								
现价								
数量								
盈亏								
仓位比								

操作分析						
代码名称	技术分析	基本面分析	其他	盈亏点		周期
				止盈：	止亏：	
				止盈：	止亏：	
				止盈：	止亏：	
				止盈：	止亏：	

盘中分析	
大盘分析	
持仓个股分析	
盘面异动分析	

盘后心得

第四阶段实训 期货、外汇、信托业务

项目一 期货投资

任务一 开期货商品账户

一、任务简述

1. 请投资者如实填写期货开户所需资料《期货经纪合同—签署页》《期货投资者尽职调查表（自然人）》《期货开户申请表》（其中期货结算账户为银行账户）。

2. 本人携带填写好的资料和身份证去期货柜台开立期货商品账户。

3. 绑定期货账户并入金至少 5 万元。

二、知识准备

认真阅读《期货交易风险说明书》，市场风险莫测，务请谨慎从事。投资者入市交易之前，应全面了解期货交易法律法规、期货交易所规则及期货公司的业务规则，全面评估自身的经济实力、产品认知能力、风险控制能力、生理及心理承受能力等，审慎决定是否参与期货交易。

了解国内三大商品期货交易所（上海、大连、郑州）。

三、完成任务清单（附表单）

表单 2-4-1 期货交易风险说明书 QHT-001

表单 2-4-2 期货经纪合同（签署页）QHT-002

表单 2-4-3 期货投资者尽职调查表（自然人）QHT-003

表单 2-4-4 期货开户申请表（自然人）QHT-004

任务二　期货账户资料的变更

一、任务简述

本人携带有效身份证去期货柜台办理期货账户资料的变更。

二、知识准备

投资者需了解期货保证金交易制度具有一定的杠杆性，投资者不需要支付合约价值的全额资金，只需要支付一定比例的保证金就可以交易。保证金制度的杠杆效应在放大收益的同时也成倍地放大风险。如在极端行情、节假日等情况下，保证金比例会有变化。结合自身的风险承受能力来调节保证金比例。

手续费的高低能够直接影响交易成本，可根据资金的金额以及期货公司提供的服务等调节手续费。

三、完成任务清单

无

任务三　商品期货交易

一、任务简述

1. 投资者结合实际行情走势、市场研究报告、实时新闻消息等选取两到三个目标交易品种。可参考南华期货、永安期货、和讯网期货等网站。

2. 对选取的目标交易品种进行至少 5 笔交易（买入开仓、卖出平仓、卖出开仓、买入平仓）。

二、知识准备

1. 掌握期货基础知识包括期货合约、T＋0 交易、双向交易、保证金制度、强平制度等；可参考三大商品期货交易所。

（1）上海期货交易所：http://www.shfe.com.cn。

（2）郑州商品期货交易所：http：//www.czce.com.cn。

（3）大连商品期货交易所：http：//www.dce.com.cn。

2.掌握期货基本交易操作：买入开仓、卖出平仓、卖出开仓、买入平仓。

3.会计算期货保证金，保证金＝成交价格×合约单位×合约手数×保证金比例。

三、完成任务清单

无

任务四　远近月期货合约间套利交易

一、任务简述

1.选中一种期货合约标的。

2.对该标的进行远近月期货合约间套利交易。买入近月、卖出远月，或者卖出近月、买入远月。

3.完成《期货套利交易策略表》。

二、知识准备

了解商品期货远近月合约价差形成的原因。

三、完成任务清单（附表单）

表单 2-4-5 期货套利交易策略表 QHT-201

任务五　开通金融期货账户权限并入金

一、任务简述

1.进行至少 10 笔商品期货交易，并记录在《期货交易记录表》中。

2.商品期货账户有可用资金至少 50 万元。

3.符合以上 2 个条件的投资者，本人携带身份证和填写好的《期货交易记录表》、空白的《金融期货交易特别风险揭示》去期货公司办理业务。

4.投资者需在期货柜台阅读并当面签署《金融期货交易特别风险揭示》。

5.办理开通金融期货权限业务成功后,投资者获得金融期货账户信息。

6.投资者绑定金融期货账户,并向金融期货账户中转入资金。

二、知识准备

投资者需要有一定的商品期货交易经验,并且充分认识到金融期货交易的风险相当大,可能发生巨额损失,损失的总额可能超过存放在期货公司的全部初始保证金以及追加保证金。必须充分理解金融期货交易投资者所应当具备的经济能力、专业知识和投资经验,评估自身的经济承受能力、风险控制能力、身体及心理承受能力,审慎决定自己是否参与金融期货交易。

了解金融期货基础知识、相关法律法规、中国金融期货交易所业务规则及期货公司的有关规定,充分了解金融期货交易风险。

中国金融期货交易所:http://www.cffex.com.cn/。

三、完成任务清单(附表单)

表单 2-4-6 期货交易记录表 QHT-202

表单 2-4-7 金融期货交易特别风险揭示 QHT-005

任务六　金融期货交易

一、任务简述

至少进行 2 笔金融期货交易。

二、知识准备

1.了解金融期货基本特点。

2.交易主要可分为以下四种操作:买入开仓、卖出平仓、卖出开仓、买入平仓。理解以上四种操作。

3.能够计算交易保证金。

三、完成任务清单

无

任务七　制定期货交易策略

一、任务简述

1.结合自己的交易体验,制定期货交易策略,以该交易策略为交易依据进行交易,并记录结果、分析结果。

2.完成《期货投资交易策略表》。

二、知识准备

参考机构写的投资交易策略,可参考:

1.和讯网—期货:www.hexun.com。

2.中投期货(农产品是强项):www.tqfutures.com。

3.南华期货:www.nanhua.net。

4.永安期货:www.yafco.com。

三、完成任务清单(附表单)

表单2-4-8 期货投资交易策略表 QHT-203

任务八　期货投资者教育

一、任务简述

投资者至少参加一次期货公司组织的"投资者教育系列活动"。

二、知识准备

可先在中国期货业协会—投资者教育(www.cfachina.org)自行观看学习。

三、完成任务清单

无

项目二　外汇投资

任务一　开外汇账户并入金

一、任务简述

1.本人携带身份证去银行开通外汇账户；

2.连通银行账户与外汇账户，并在外汇账户中转入资金。

二、知识准备

无

三、完成任务清单(附表单)

表单 2-4-9 外汇开户申请表 WHT-001

任务二　外汇交易

一、任务简述

1.进行开仓、平仓操作。

预计某外汇期货合约的价格要上涨，则进行买入开仓操作，价格果然上涨，则进行卖出平仓赚取利润；若价格下降，且预期会一直下降则进行卖出平仓，来减少损失。

若预计某外汇期货合约的价格要下跌，则进行卖出开仓操作，价格果然下跌，则进行买入平仓赚取利润；若价格上涨，且预期会一直上涨则进行买入平仓，来减少损失。

2.交易量达到 10 手。

二、知识准备

了解外汇期货基本特点，进行外汇期货的交易，交易主要可分为以下四种操作：买入开仓、卖出平仓、卖出开仓、买入平仓。熟悉操作品种，以及它的价格影响因素。

三、完成任务清单

无

任务三　制定外汇交易策略

一、任务简述

结合自身交易习惯制定外汇交易策略,并填写《外汇投资交易策略表》。

二、知识准备

参考机构写的投资交易策略,可参考:

和讯网:www. hexun. com/。

三、完成任务清单(附表单)

表单 2-4-10 外汇投资交易策略表 WHT-002

项目三　信托投资

任务一　选购信托产品

一、任务简述

1.参考网络,并选择要购买的信托产品。

参考以下网站,根据您的资金情况选购一款信托产品。

和讯信托:http://trust. hexun. com/。

好买网(信托):http://www. howbuy. com/trust/。

宜信(最大第三方):http://www. creditease. cn/。

中国信托网:http://www. zhongguoxintuo. com/。

信托网:http://www. trust-one. com/。

二、知识准备

了解信托投资基础知识。

三、完成任务清单

无

任务二　完成信托产品要素表

一、任务简述

1. 填写《信托产品要素表》。

二、知识准备

重点了解信托产品的标的、要素以及存在的风险。

三、完成任务清单（附表单）

表单 2-4-11 信托产品要素表 XTT-001

第四阶段附录:阶段任务表单汇总

表单 2-4-1 期货交易风险说明书 QHT-001

班级:_____

姓名:_____

学号:_____

期货交易风险说明书

市场风险莫测　务请谨慎从事

尊敬的客户:

根据中国证监会的规定,现向您提供本《期货交易风险说明书》。

期货交易采取保证金交易方式,具有杠杆性风险,可能发生巨额损失,损失的总额可能超过您存放在期货公司的全部初始保证金以及追加保证金。您应当充分理解并遵循"买卖自负"的金融市场原则,充分认识期货交易风险,自行承担交易结果。

考虑是否进行期货交易时,您应当明确以下几点:

一、您在期货市场进行交易,假如市场走势对您不利,导致您的账户保证金不足,期货公司会按照期货经纪合同约定的时间和方式通知您追加保证金,以使您能继续持有未平仓合约。如您未于规定时间内存入所需保证金,您持有的未平仓合约将可能在亏损的情况下被强行平仓,您必须承担由此导致的一切损失。

二、您必须认真阅读并遵守期货交易所和期货公司的业务规则,如果您无法满足期货交易所和期货公司业务规则规定的要求,您所持有的未平仓合约将可能根据有关规则被强行平仓,您必须承担由此产生的后果。

三、在某些市场情况下,您可能会难以或无法将持有的未平仓合约平仓。例如,这种情况可能在市场达到涨跌停板时出现。出现这类情况,您的所有保证金有可能无法弥补全部损失,您必须承担由此导致的全部损失。

四、由于国家法律、法规、政策的变化,期货交易所交易规则的修改,紧急措施的出台等原因,您持有的未平仓合约可能无法继续持有,您必须承担由此导致的损失。

五、由于非期货交易所或者期货公司所能控制的原因,例如:地震、水灾、火灾等不可抗力因素或者计算机系统、通信系统故障等,可能造成您的指令无法成交或者无法全部成交,您必须承担由此导致的损失。

六、在国内期货交易中,所有的交易结果须以当日交易所或结算机构的结算数据为依据。如果您利用盘中即时回报的交易结果作进一步的交易,您可能会承担额外的风险。

七、"套期保值"交易同投机交易一样,同样面临价格波动引起的风险。

八、如果您未遵守中国证监会关于期货保证金安全存管的规定,将可能会影响您的期货保证金的安全性。

九、利用互联网进行期货交易时将存在(但不限于)以下风险,您将承担由此导致的损失:

1.由于无法控制和不可预测的系统故障、设备故障、通信故障、电力故障、网络故障及其他因素,可能导致交易系统非正常运行甚至瘫痪,使您的交易指令出现延迟、中断、数据错误等情况;

2.由于网上交易系统存在被网络黑客和计算机病毒攻击的可能性,由此可能导致交易系统故障,使交易无法进行及行情信息出现错误或延迟;

3.由于互联网上的数据传输可能因通信繁忙等原因出现延迟、中断、数据错误或不完全,从而使网上交易及行情出现延迟、中断、数据错误或不完全;

4.由于您未充分了解期货交易及行情软件的实际功能、信息来源、固有缺陷和使用风险,导致您对软件使用不当,造成决策和操作失误;

5.您的网络终端设备及软件系统与期货公司所提供的网上交易系统不兼容,可能导致无法下达委托或委托失败;

6.如果您缺乏网上交易经验,可能因操作不当造成交易失败或交易失误;

7.您的密码失密或被盗用。

本《期货交易风险说明书》无法揭示从事期货交易的所有风险和有关期货市场的全部情形。您在入市交易之前,应全面了解期货交易法律法规、期货交易所规则及期货公司的业务规则,全面评估自身的经济实力、产品认知能力、风险控制能力、生理及心理承受能力(仅对自然人客户而言)等,审慎决定是否参与期货交易。

表单 2-4-2 期货经纪合同(签署页)QHT-002

班级：_____

姓名：_____

学号：_____

浙江财经大学东方学院　　　　　　　　　　　　《金融仿真综合实训》

期货经纪合同（签署页）

1.客户须知

以上《客户须知》本人/本单位已阅读并完全理解。

（请抄写以上画线部分）

_____

2.期货交易风险说明书（市场风险莫测，务请谨慎投资）

以上《期货交易风险说明书》本人/本单位已阅读并完全理解。

（请抄写以上画线部分）

_____

_____

甲方		乙方	
名称	模拟期货公司	名称	
授权签字		个人（法定代表人/开户代理人）签字	
盖章		法人单位盖章	
签约日期	年　月　日	签约日期	年　月　日

- -

以下内容由甲方人员填写

开户经办人：

经办日期：

网址：www.zufedfc.edu.cn　编号：QHT-002

169

表单 2-4-3 期货投资者尽职调查表(自然人)QHT-003

班级:＿＿＿＿＿＿＿

姓名:＿＿＿＿＿＿＿

学号:＿＿＿＿＿＿＿

期货投资者尽职调查表(自然人)

填表时间: 年 月 日

姓 名			性别		国籍		民族		身份证到期日	
年龄	□20 岁以下　□21—30 岁　□31—40 岁 □41—50 岁　□51—60 岁　□60 岁以上						教育程度	□小学　□初中　□高中 □中专　□大专　□本科 □硕士　□博士		
所属行业	□政府机关　□事业单位　□企业　□离退休人员　□学生　□职业投资者　□其他									
职业	□公务员　□一般职员　□财务人员　□研发人员　□营销人员　□律师　□记者 □高层管理人员　□司法人员　□公安人员　□服务人员　□工程师　□教师　□编辑 □中层管理人员　□医务人员　□个体户　□设计师　□学生　□退休 □体力劳动者　□体育工作者　□影视广告工作者　□不便分类的其他职业＿＿＿＿＿＿									
工作单位										
账户实际 受益人			性别		国籍		证件类型及 证件号码			
家庭年 总收入	□20 万元以下 □20—50 万元 □50—100 万元　□100 万元			预计入 市资金	□20 万元以下　□20—50 万元 □50—100 万元　□100—1000 万元 □1000 万元以上					
证券投 资经验	□1 年以下　□1—2 年 □3—5 年　□5 年以上			期货投 资经验	□1 年以下　□1—2 年 □3—5 年　□5 年以上		期望参与的期 货交易类型		□投机 □套利	
投资风险偏好	□低风险　□中风险　□高风险			年期望回报率		□0—5％　　□5％—10％ □10％—50％　□50％以上				
是否接受过投 资者风险教育	□是　　□否			希望接受何种投资者教 育方式		□网站　□现场　□短信 □书籍　其他＿＿＿＿＿＿				
是否愿意接 受专业服务	□是　　□否			希望接受何种专业服务						

(以上内容填写属实)投资者签名:

以下内容由东方模拟期货工作人员填写：

开户经办人 风险等级评定	□低风险 □中风险　主要依据＿＿＿＿＿＿＿ □高风险　主要依据＿＿＿＿＿＿＿ 开户经办人签字：	总经理意见	 总经理签名：

表单 2-4-4 期货开户申请表(自然人)QHT-004

班级:＿＿＿＿＿＿

姓名:＿＿＿＿＿＿

学号:＿＿＿＿＿＿

浙江财经大学东方学院　　　　　　　　　　　《金融仿真综合实训》

期货开户申请表（自然人）

会员名称	东方模拟期货

自然人开户申请

姓名		性别		出生日期		职业	
国籍/地区		身份证号码				有效期限	
联系电话							
联系地址						邮政编码	
是否从事过期货交易		是			否		
从事期货交易的目的		保值			投机		

客户期货结算账户

户名（全称）	期货保证金存管银行名称（写明具体开户网点）	期货结算账户账号	此账户是否开通银期转账（Y/N）	此账户是否开通网上银行（Y/N）

声明：以上为本人登记的用于期货交易出入金的期货结算账户，本人在期货公司的出入金均通过以上账户办理，且该账户仅用于期货结算，不开通其他任何与此无关的业务功能。

　　本人有能力承担因参与期货交易而产生的风险，并保证参与期货交易资金来源的合法性和所提供资料的真实性；承诺遵守期货交易所在的各项业务规则，自愿承担期货交易结果。

申请人签名：　　　　　　　　　　申请日期：　　年　　月　　日

说明：

1.客户开立账户必须提供身份证明及相关证明文件，并保证证明文件的真实性；

2.客户明确此申请表的客户开户必备法律文件之一，保证以上填写内容属实，并在上述填写内容发生变化时及时书面通知期货公司，期货公司有权进行核实。

表单 2-4-5 期货套利交易策略表 QHT-201　　　　　班级：＿＿＿＿＿＿

姓名：＿＿＿＿＿＿

学号：＿＿＿＿＿＿

期货套利交易策略表

日　期：

编写人员：

合约组合(合约价差均为近月减远月)	基本面信号	技术面信号	交易指令(买/卖)	仓位占比	止损/止盈位	交易结果	交易结果分析
例:TA1609-TA1701	PTA（精对苯二甲酸）生产工厂集体临时检修,短期内导致现货短缺。预期近月价格强于远月价格。	无	价差 30 元以内买入。（预期近月比远月强,做买入交易。反之是卖出。）	30%	重点关注检修进度,在全面开工前选择平仓。	盈利1.5%	盈利结果略逊于预期,对突发事件的量化能力还需提升。

表单 2-4-6 期货交易记录表 QHT-202

班级：_____

姓名：_____

学号：_____

期货交易记录表

记录人：

序号	交易时间	合约	开仓/平仓	买/卖	数量（手）	成交价格	平仓操作盈亏情况
1							
2							
3							
4							
5							
6							
7							
8							
9							
10							

注:交易时间精确到分钟。

表单 2-4-7 金融期货交易特别风险揭示 QHT-005

班级：＿＿＿＿＿＿

姓名：＿＿＿＿＿＿

学号：＿＿＿＿＿＿

金融期货交易特别风险揭示

市场风险莫测　务请谨慎从事

尊敬的客户：

进行金融期货交易风险相当大，可能发生巨额损失，损失的总额可能超过您存放在期货公司的全部初始保证金以及追加保证金。在决定进行金融期货交易前，您应充分了解以下事项：

一、您应当了解金融期货基础知识、相关法律法规、中国金融期货交易所（以下简称交易所）业务规则及期货公司的有关规定，充分了解金融期货交易风险。

二、您应当充分了解金融期货交易与股票交易、商品期货交易的区别，了解金融期货交易风险的特点。

首先，金融期货交易采用保证金交易方式，潜在损失可能成倍放大，具有杠杆性风险。其次，金融期货合约到期时，如您仍持有未平仓合约且符合交易所交割规则，交易所将按照交割规则将您持有的合约进行现金交割或实物交割，您将无法继续持有到期合约，具有到期日风险；金融期货合约到期前，如您仍持有未平仓合约且不符合交易所交割规则，您将面临强行平仓风险或交割违约风险，由此产生的费用和结果将由您承担。

三、您应当了解我国股票、债券市场尚属新兴加转轨的市场，市场波动较为频繁。金融期货市场以股票、债券等现货市场为基础，金融期货价格的波动往往大于现货市场价格的波动。此外，金融期货合约标的较大，相应地盈亏金额较大。因此，您的投资可能会面临巨大的风险。

四、金融期货市场实行投资者适当性制度，您应当满足中国证监会、交易所及期货公司关于投资者适当性标准的规定。投资者适当性制度对您的各项要求以及依据制度对您进行的评价，不构成对您的投资建议，不构成对您的获利保证。

您必须充分理解金融期货交易投资者所应当具备的经济能力、专业知识和投资经验，评估自身的经济承受能力、风险控制能力、身体及心理承受能力，审慎决定自己是否参与金融期货交易。

　　五、您应当充分理解并遵循"买卖自负"的金融市场原则，充分认识金融期货交易的风险，根据相关市场信息理性判断、自主决策，并自行承担交易后果，不得以不符合适当性标准为由拒绝承担金融期货交易履约责任。

　　本《金融期货交易特别风险揭示》仅是对从事金融期货交易投资者的特别提示，为全面了解期货交易的风险，您在入市交易前，必须同时阅读并签署《期货交易风险说明书》《客户须知》。

　　以上《金融期货交易特别风险揭示》的各项内容，本人/单位已阅读并完全理解。

（请抄写以上画线部分）

　　　　　　　　　　　　　　　　　　客户：

　　　　　　　　　　　　　　　　　　（签章）

　　　　　　　　　　　　　　　　　　签署日期：　　　年　　　月　　　日

表单 2-4-8 期货投资交易策略表 QHT-203

班级：＿＿＿＿＿＿

姓名：＿＿＿＿＿＿

学号：＿＿＿＿＿＿

期货投资交易策略表

日期：

编写人员：

交易品种	基本面信号（提示：根据宏观热点、产业链调研报告、产业热点，分析其利多或利空）	技术面信号（提示：量价分析、技术指标分析等）	交易指令（买/卖）	仓位占比（如：满仓、半仓等）	止损/止盈位	交易结果（盈亏金额）	交易结果分析（提示：对交易结果做客观分析，总结交易过程中做得好的地方，也总结出不足及改进方案）

注：交易信号（提示：基本面或者技术面会发出多种信号，可两者综合考虑，也可以选择其一。但交易信号和止损止盈信号来源需一致。）

表单 2-4-9 外汇开户申请表 WHT-001

班级：_____

姓名：_____

学号：_____

外汇开户申请表

姓名		性别		出生日期	
家庭住址					
家庭电话		证件号			
手机		电子邮箱			
公司名称		邮编			
公司地址					
首选邮寄	□家庭　□公司	首选联络	□家庭电话　□公司电话　□手机		

指定银行账户（仅限申请人本人账户）	银行	分/支行
	银行账号：	
	开户人：	

参与个人外汇理财交易业务的投资者相关信息	
职业	□公司职员(□正式员工　□劳务工)　□公务员 □个体经营　□自由职业　□无业　□退休　□其他
行业	□行政管理　□计算机技术　□金融贸易　□财务审计 □广告策划　□医疗　□教育　□农林水产　□化工　□其他
年收入 （人民币/元）	□无收入　□10万～20万　□20万～30万　□30万～40万　□40万～50万 □50万～60万　□60万～70万　□70万～100万　□100万以上
金融资金 （人民币/元）	□5万以下　□5万～10万　□10万～20万　□20万～30万　□30万～40万 □40万～50万　□50万～60万　□60万～70万　□70万～100万　□100万以上
获知途径	□拜访公司　□熟人介绍　□相关研讨会 □公司主页　□报纸广告　□其他
投资目的	□谨慎选择投资　□对外汇投资感兴趣 □追求投资收益　□既有兴趣又追求收益
投资经验	□股票【年】　□基金【年】　□信托投资【年】 □实业投资【年】　□外汇【年】　□期货【年】 □债券【年】　□保险【年】　□其他【年】　□无投资经验

客户需提交身份证、地址证明、银行卡复印件

客户在保证所提供的身份证及其他有关资料的真实性、合法性、有效性的前提下进行签字。

客户签字：＿＿＿＿＿＿＿＿＿　　　　　日期：＿＿＿＿＿＿＿＿＿

表单 2-4-10 外汇投资交易策略表 WHT-002

班级：＿＿＿＿＿＿

姓名：＿＿＿＿＿＿

学号：＿＿＿＿＿＿

外汇投资交易策略表

日期：

编写人员：

交易品种	基本面信号（提示：根据宏观热点、央行政策、国际政局、外交热点等）	技术面信号（提示：量价分析、技术指标分析等）	交易指令（买/卖）	仓位占比（如：满仓、半仓等）	止损/止盈位	交易结果（盈亏金额）	交易结果分析（提示：对交易结果做客观分析，总结交易过程中做得好的地方，也总结出不足及改进方案）

注：交易信号（提示：基本面或者技术面会发出多种信号，可两者综合考虑，也可以选择其一。但交易信号和止损止盈信号来源需一致。）

表单 2-4-11 信托产品要素表 XTT-001

班级：_____

姓名：_____

学号：_____

一、产品概述：	
1.投资标的：	
2.产品期限：	
3.投资资金金额：	
4.预期年化收益率：	
5.投资方向：	
6.信托公司：	
7.风控措施：	
二、选购原因和该产品的风险：	

第五阶段实训　股权、私募、房地产、融资融券业务

项目一　股权投资

任务一　撰写尽职调查报告

一、任务简述

以团队为单位,从系统的资料中心中下载 8 家新三板挂牌企业的《公开股权转让说明书》,选取一家企业,做一份《尽职调查报告》,上交时间截止至当天晚上 20:00。

二、知识准备

自学股权投资的概念、分类、流程,并读懂《公开股权转让说明书》,重点学习《尽职调查报告》的主要内容,理解《尽职调查报告》的作用。

三、任务完成清单(附表单)

表单 2-5-1 尽职调查报告表 GQTZ-002

项目二　私募基金

任务一　私募基金组建的准备

一、任务简述

私募基金组建的准备分为两个步骤:第一,以上报的 6 人团队作为私募基金的投

资团队,基金经理负责成员设计一只私募基金,并填写《私募基金要素表》;第二,各团队派一名成员到银行开立一个单独的银行账户。

二、知识准备

自学私募基金的概念,理解私募基金与公募基金的区别,指导私募基金的组织架构,并能推选团队中一名基金经理作为主要负责人。同时,自学《私募基金要素表》的重要术语,了解银行企业账户的开设流程。

三、任务完成清单(附表单)

表单 2-5-2 私募基金要素表 JJT-001

任务二 私募基金路演

一、任务简述

每支基金团队上台竞演,时间 5 分钟,由各个投资者做基金认购。

二、知识准备

学习基金路演需准备的资料,了解基金路演的主要目的、对象、方式等,确定本团队的路演核心竞争力,理清拟展示的内容。

三、任务完成清单

无

任务三 私募基金认购

一、任务简述

每位投资者根据各团队路演的情况,填写基金认购书,并完成系统操作。同时,基金公司的工作人员负责统计每只基金的总认购金额,并公布基金路演募集结果。

二、知识准备

分清认购和申购的区别,读懂基金认购书的填写要求,学习专业术语。

三、任务完成清单(附表单)

表单 2-5-3 基金认购/申购书 JJT-014

任务四　私募基金的投资管理

一、任务简述

由基金经理负责,对筹集到的基金进行投资组合操作,盈利时可以允许分红。

二、知识准备

了解基金分红的基本原则,明确投资组合操作的基本步骤。

三、任务完成清单(附表单)

表单 2-5-4 基金资产变动表 JJT-020

项目三　房地产投资

任务一　房地产投资价值变动

一、任务简述

学生根据教师公布的房地产价值变动信息,符合要求的投资者填写《房地产增加值变动表》,并去银行办理相关业务。

二、知识准备

了解银行资产变动的办理流程,探索房地产价值变动的内在因素。

三、任务完成清单(附表单)

表单 2-5-5 房屋资产增减变动表 FDC-001

项目四　融资融券

任务一　融资融券基本业务操作

一、任务简述

根据教学任务流程,进行账户类、交易类操作(共 23 个任务,交易权限默认开通)。

二、知识准备

了解融资融券的基本概念,根据流程图的要求,自学账户类、交易类操作的流程。

三、任务完成清单

无

第五阶段附录:阶段任务表单汇总

表单 2-5-1 尽职调查报告表 GQTZ-002

班级:＿＿＿＿＿＿

姓名:＿＿＿＿＿＿

学号:＿＿＿＿＿＿

一、发行人基本情况调查
〔提示:发行人基本情况调查,包括改制与设立情况、发行人历史沿革情况、发起人和股东的出资情况、重大股权变动情况、重大重组情况、主要股东情况、员工情况、发行人独立情况、内部职工股(如有)情况、商业信用情况。〕
二、发行人业务与技术调查
(提示:发行人业务与技术调查,包括发行人行业情况及竞争状况、采购情况、生产情况、销售情况、核心技术人员、技术与研发情况。)
三、同业竞争与关联交易调查
(提示:同业竞争与关联交易调查,包括同业竞争情况、关联方及关联交易情况。)
四、高管人员调查
(提示:高管人员调查,包括高管人员任职情况及任职资格、高管人员的经历及行为操守、高管人员胜任能力和勤勉尽责、高管人员薪酬及兼职情况、报告期内高管人员变动、高管人员是否具备上市公司高管人员的资格、高管人员持股及其他对外投资情况。)

五、组织结构与内部控制调查

(提示:组织结构与内部控制调查,包括公司章程及其规范运行情况,组织结构和股东大会、董事会、监事会运作情况,独立董事制度及其执行情况,内部控制环境,业务控制,信息系统控制,会计管理控制,内部控制的监督情况。)

六、财务与会计调查

(提示:财务与会计调查,包括财务报告及相关财务资料、会计政策和会计估计、评估报告、内控鉴证报告、财务比率分析、销售收入、销售成本与销售毛利、期间费用、非经常性损益、货币资金、应收款项、存货、对外投资、固定资产、无形资产、投资性房地产、主要债务、资金流量、或有负债、合并报表的范围、纳税情况、盈利预测。)

七、业务发展目标调查

(提示:业务发展目标调查,包括发展战略、经营理念和经营模式、历年发展计划的执行和实现情况、业务发展目标、募集资金投向与未来发展目标的关系)

八、募集资金运用调查

(提示:募集资金运用调查,包括历次募集资金使用情况、本次募集资金使用情况、募集资金投向产生的关联交易。)

九、风险因素及其他重要事项调查

(提示:风险因素及其他重要事项调查,包括风险因素、重大合同、诉讼和担保情况、信息披露制度的建设和执行情况、中介机构执业情况。)

表单 2-5-2 私募基金要素表 JJT-001

班级：_____

姓名：_____

学号：_____

私募基金要素表

基金名称		基金经理	
基金简称		基金助理	
基金类型:□股票型　□期货型　□混合型			
预计资金募集规模	（　　）万元	基金代码	
比较基准:□上证指数　□深证指数　□沪深300指数　□上证50指数			
募资银行账户:0000000151022081		正式银行账户:	
投资范围	沪市证券:□主板股票 深市证券:□主板股票　□中小板股票　□创业板股票 商品期货:□上海期货　□大连期货　□郑州期货 金融期货:□股指期货　□国债期货		
仓位限制	股票仓位不得低于总资产_____%,不得高于总资产_____%; 期货仓位不得低于总资产_____%,不得高于总资产_____%; 单只股票仓位不得高于总资产_____%; 单只期货品种仓位不得高于总资产_____%		
基金简介			
相关费率	认购费（　　）%　　　　最小认购金额（　　）元 申购费（　　）%　　　　最小申购金额（　　）元 管理费（　　）%　　　　账户最小剩余份额（　　）元 赎回费（　　）%　　　　基金定投最小申购金额（　　）元 托管费（　　）%		
业绩报酬	提取净值之上_____（0%～30%）		

以上有关产品要素表的内容,本投资团队已完全理解并接受。

客户（基金经理助理）签名：　　　基金公司市场岗签名：　　　基金公司盖章：

日期：　　　　　　　　　　　日期：　　　　　　　　　日期：

表单 2-5-3 基金认购/申购书 JJT-014

班级：＿＿＿＿＿＿

姓名：＿＿＿＿＿＿

学号：＿＿＿＿＿＿

开放式基金认购/申购申请表(涂改无效)

申请日期：　　年　　月　　日

提示:投资人在填写此申请表前必须认真阅读所购买基金的《招募说明书》《基金合同》及本表附属条款。

投资人填写																
业务类型		□认购　　□申购														
基金账号		交易账号														
申请人名称																
申请人/经办人证件类型		申请人/经办人证件号码														
认购/申购基金名称		认购/申购基金代码		总计	拾	亿	仟	佰	拾	万	仟	佰	拾	元	角	分
认购/申购基金金额																
经办人姓名		联系电话														

申请人/经办人声明

　　本人/本机构已了解国家有关开放式基金的法律、法规及相关政策,愿意接受本基金的《基金合同》《招募说明书》及本表附属条款的约束。本机构保证所提供的资料真实、有效,并自愿履行基金投资人的各项义务,自行承担基金投资风险,确认本申请表所填信息的真实性和准确性,承诺在所填信息变更时及时更新,本机构亦保证资金来源和用途的合法性,特此签章。

　　本经办人具有完全民事行为能力,并获得充分授权进行此项交易。

申请人签章：　　　　经办人签章：

(机构申请人需在此加盖预留印签章)

　　年　　月　　日

以下内容由直销中心填写			
客户经理(经理人)	录入人	复核人	直销中心盖章

注:以上信息仅代表您的申请已被接受,并非确认成交。最终结果以登记注册机构的确认为准。您可以在 T+2 日(自申请接受之日起第二个工作日)到本直销中心进行查询或打印"交易清单",也可以通过本公司网站或客户服务电话进行查询。

此表一式三联:

第一联　直销中心留存;

第二联　登记注册机构留存;

第三联及附件　投资人留存

表单 2-5-4 基金资产变动表 JJT-020

班级：＿＿＿＿＿＿

姓名：＿＿＿＿＿＿

学号：＿＿＿＿＿＿

基金资产变动表

持股名称	原有基金资产		现有基金资产	
	单价	金额	单价	金额
基金资产净值				

表单 2-5-5 房屋资产增减变动表 FDC-001

班级：＿＿＿＿＿＿＿＿

姓名：＿＿＿＿＿＿＿＿

学号：＿＿＿＿＿＿＿＿

房屋资产增减变动表

姓名		银行卡号	
地理位置		面积（米²）	
户型		原单价（元/米²）	
现单价（元/米²）		原总价（元）	
现总价（元）		增减变化（＋/－）	

第六段实训　期权业务

项目一　期权视频学习

任务一　上交所股票期权视频学习

一、任务简述

观看上海证券交易所投教专区的个股期权视频。

二、知识准备

了解和掌握个股期权的发展历程、期权合约要素、期权的分类、期权与其他衍生品的比较及期权交易中的操作技巧。

三、完成任务清单（附表单）

表单 2-6-1 期权视频学习心得 QQT-001

任务二　期权相关知识讲解

一、任务简述

引导学生学习期权基本知识，了解期权合约的基本要素、期权的分类、期权的收益计算。

二、知识准备

期权合约的基本要素、期权的分类、期权的收益计算。

三、完成任务清单

完成期权测试。

第六阶段附录:阶段任务表单汇总

表单 2-6-1 期权视频学习心得 QQT-001

班级:_____

姓名:_____

学号:_____

期权视频学习心得

第七阶段实训 综合实训

项目一 开户

任务一 团队开户

一、任务简述

请各团队派代表赴银行、证券公司、期货公司开通团队的银行、外汇、期货、证券账户。

二、知识准备

需要携带的材料：身份证。

三、完成任务清单

无

项目二 风险偏好测试

任务一 风险偏好测试

一、任务简述

完成风险偏好测试题，并根据风险投资偏好测试的结果对应各自的风险偏好程度。

二、知识准备

无

三、完成任务清单（附表单）

测试题

表单 2-7-1 风险偏好测试题（电子版）

项目三　制定团队投资计划

任务一　投资计划书

一、任务简述

针对各组的目标、计划、投资步骤，明确所选用投资工具的思路设计与投资方案。

二、知识准备

无

三、完成任务清单（附表单）

表单 2-7-2 团队投资计划书（封面）

任务二　投资计划演讲

一、任务简述

根据各团队投资计划制作幻灯片并进行演讲。

二、知识准备

无

三、完成任务清单

1.介绍团队名称、各成员的分工、团队总资产；

投资组合所包含的投资工具有哪些？投资工具包括股票、理财产品、房地产、外汇、期货（投资组合不少于 3 种投资工具）。

2. 各种工具的占比情况。

3. 为什么选择这些投资工具？

4. 团队优势是什么？

5. 投资策略（准备如何进行投资）。

6. 团队个人最高历史收益、预期收益情况（说明总资产的年化收益率）。

7. 演讲时间 5 分钟以内。

项目四　作业

任务一　投资环境分析

一、任务简述

根据所给的投资场景，对可能涉及的投资环境的变化进行分析。

二、知识准备

无

三、完成任务清单（附表单）

表单 2-7-3 投资环境分析

任务二　家庭理财分析

一、任务简述

根据所给的家庭理财情况，对其进行分析并给出相应的建议。

二、知识准备

无

三、完成任务清单(附表单)

表单 2-7-4 家庭理财分析

项目五　专家讲座

任务一　专家讲座听后感

一、任务简述

根据专家的讲座,结合自己团队的投资情况写一篇听后感。

二、知识准备

无

三、完成任务清单(附表单)

表单 2-7-5 专家讲座听后感

第七阶段附录:阶段任务表单汇总

表单 2-7-2 团队投资计划书(封面)

浙江财经大学东方学院
互联网大金融综合实训
团队投资计划书

分院:＿＿＿＿＿＿＿＿＿＿＿＿＿

专业:＿＿＿＿＿＿＿＿＿＿＿＿＿

团队:＿＿＿＿＿＿＿＿＿＿＿＿＿

成员:＿＿＿＿＿＿＿＿＿＿＿＿＿

表单 2-7-3 投资环境分析

班级：＿＿＿＿＿＿

姓名：＿＿＿＿＿＿

学号：＿＿＿＿＿＿

投资环境分析

表单 2-7-4 家庭理财分析

班级：＿＿＿＿＿＿＿＿＿

姓名：＿＿＿＿＿＿＿＿＿

学号：＿＿＿＿＿＿＿＿＿

家庭理财分析

表单 2-7-5 专家讲座听后感

班级：＿＿＿＿＿＿

姓名：＿＿＿＿＿＿

学号：＿＿＿＿＿＿

专家讲座听后感